临近

即将改变我们未来的科技革命

汪诘 著

湖南科学技术出版社

序言

这几年，我科普写作的范围很广，有谈科学史的，也有谈科学思维的，更有谈各种科学知识的来龙去脉的。在这本书中，我为大家精选了一些我自己较为满意的，通俗易懂讲解科学知识的科普文章。比如人工智能与人类智慧的差异、区块链和比特币、湍流、中微子、虚粒子、平行宇宙，等等的来龙去脉。我之所以要把这些知识文章结集在一起，除了它们是现在大众关心的热门话题外，还有一个原因，这本书中的大多数文章，都带有探索未来的属性。

比如说，我谈人工智能，除了跟大家讲解人工智能的原理和局限之外，更重要的是带大家一起思考未来：人工智能是否有可能觉醒？假如人工智能觉醒，世界将会怎样？这两个问题还不是重点，我还希望进一步引导读者思考：生物遵循自然演化的法则，人类也是生物，若人类已经跳出了自然演化法则呢？还会继续遵循演化的法则，即"适者生存"吗？人工智能继续发展下去的终点在哪里呢？"人工智能觉醒"这个话题看似一个纯粹的科技话题，但我发现，自然演化法则可能也会在人工智能发展中起到决定性作用。我希望通过我的文章，带给大家一些更深度的思考。

这本书也收录了我的区块链科普文章。我的写作目标，不仅仅是要把区块链这项技术解释清楚，让普通人能够深入了解区块链的技术原理。而且，我还对区块链的未来做出了自己的判断和预测。

对未来趋势的准确判断和把握，能够帮助我们更好地工作、生活、投资、创业，虽然我所探索的未来未必就是真正的未来，这世界没有人能准确预测未来，但预测未来准确性的得分并不是 0 和 1 的差别，而是从 0 到 100 分的差别。我相信我的这些预测一定不是 0 分，哪怕只有 1 分的参考价值，也会对你有所帮助。

每一项技术革新都会给社会带来一次变革，而每一场变革都像是席卷世界的一场风暴，我们每个人都不可能置身风暴之外，下一场风暴何时来临？在我的这本书中，你也许能找到一些答案。

目录／

人工智能会觉醒吗？

觉醒问题的科学实质

人工智能，简称 AI，这个名词现在几乎随处可见了。2016 年，一个会下围棋的"阿尔法狗"把人类对人工智能的认识推向了一个高潮。如果你也是一个科幻爱好者，可能会跟我一样看美剧《西部世界》。这部片子向我们细致描绘了人工智能是如何被制造出来，并且最终觉醒试图取代人类。而美国畅销书作家丹·布朗推出的力作《本源》，也是以人工智能为题材的小说。2017 年国内非虚构类图书畅销冠军是尤瓦尔·赫拉利的《未来简史》。在这本书中，作者预测人类的大部分职业都将被人工智能取代，包括一向被认为是高知识含量的医生、律师、记者等职业。

大多数人能够做的工作，未来人工智能都能做，这一点几乎没有什么争议。然而，人工智能是否能够觉醒，也就是具备自主意识，像人一样自主思考，这就有非常大的争议了。本文将带你深入了解科学界对此的研究观点。

实际上，从科学的角度来说，觉醒的路径有两条，一条是由人类编制出来的电脑程序觉醒；另一条路径是把人类的思维和记忆全部上传到计算机中，让人类在电脑中觉醒。到底哪一条路径更有可能发生呢？让我们带着这个问题开始今天的探索之旅。首先，我们先来讨论一下到底什么是意识。

这是一个非常难以定义的词，有点儿像"精神"或者"我"这样哲学味道很浓的词。对意识的探究自古就有。古希腊时代，亚里士多德撰写了《灵魂论及其他》，阐述了他对生与死、睡与醒以及其他心脑问题的深入思考。而另一位古希腊学者希波克拉底认为，人类应该知道，我们的喜怒哀乐都来自大脑，且只来自大脑。这可能是最早的心物一元论。而笛卡尔在 17 世纪提出了心物二元论，他的名言是"我思故我在"，认为人由完全不同的两种实体组成，一个是心灵，另一个是身体。心灵是非物质实体，永生不灭，不占空间，具有意识。而身体是物质实体，可以被摧毁，占据空间。心灵寄居在人的身体，或者说寄居在人的大脑内，大脑也属于身体的一部分，心灵接受身体传来的信息，并向身体发送指令。

科学的进步使我们对意识的研究不再仅限于哲学领域。到了 19 世纪末，西班牙神经解剖学家罗曼尼·卡哈尔运用并改进了银染色法，对神经系统进行了大量研究，创立了神经系统的神经元理论。他认为神经系统并非是连续一片的，而是由一个个的神经元组成。卡哈尔的研究，为现代神经科学奠定了基础。

现代科学认为，意识是一种"神经反应"，是一种自我感受、自我存在感与对外界感受的综合体现。换句话说，现代科学已经否定了笛卡尔的心物二元论。科学家认为意识必须依赖于神经元这种实体，它是人自主或者不自主地产生的一系列神经反应的体现。通俗地说，意识就是一种大脑活动。这是一个重要的前提，正是因为意识是基于物质的，我们才有了继续研究觉醒的可能性。

好了，有了以上这些知识后，我们就可以这样认为，所谓的觉醒问题，它等价于是否可以用我们现在的计算机系统来完全模拟神经元的活动，如果能模拟，那么计算机系统就必然有觉醒的理论可能，反过来，如果神经元的活动是现在的计算机结构根本不可能模拟的，那么，觉醒就是一个伪命题，至少可以说，人类的意识与电脑的意识是不同的。

于是，觉醒问题就暂时转换成了计算机系统能否模拟神经元活动的问题。你看，我刚才的这一番论述就体现了科学思维中非常务实的一面，如果我们只有哲学思维，那么，光是研究到底什么是"我"，什么又是"精神"，就可能永远争论不休了。科学思维则把这个问题转换成了可以通过逻辑和实证来研究的具体问题。

我们现在拿到了两个研究对象，一个是计算机系统，另一个则是大脑的神经元系统。现在我们要研究的是这两个系统之间到底存在哪些异同点，是否是等价的，或者说，计算机系统未来是否有可能可以和大脑神经元系统等价。

图灵机

你要知道，这个问题相当复杂，不过已经有许多科学家给出了非常精彩和深入的见解，为了让你能充分领略这些科学家们的非凡见解，我要先给你讲解计算机系统的本质是什么。

现代所有的计算机，从办公桌上的电脑，到手机、平板电脑以及各种智能电子设备，其实从本质上来说，都有一个共通点，它们在本质上都是一台图灵机。怎么理解这个概念呢？打一个比方，我小时候喜欢帮妈妈拆旧毛衣，每次我拆毛衣的时候，总是会有一种很神奇的感觉，因为不论有着多么复杂结构和图案的毛衣，拆的过程中就发现，其实都是一根或者几根长长的毛线缠绕出来的。所以，在普通人的眼中，计算机无比复杂，可是在有些科学家的眼中，计算机就像是可以拆成毛线的毛衣，无非就是一台图灵机。

但这个比方只能帮你建立一个总体的概念，为了深入理解我后面要讲的东西，我还需要继续给你解释图灵机到底是怎么回事。

图灵机是英国传奇科学家图灵提出来的一种抽象的计算机，我估计你对这个名称大概是不陌生的，它与我们这次的主题关系重大，所以，我必须让你对图灵机的工作原理了解得比别人更多一点。下面的内容可能会比较难，但只要有点耐心，一定难不倒你。

图灵机只有两个部件，一根无限长的纸带，纸带上画好了一个个的格子，每一个格子有三种可能，写着 0 或者 1，或者什么也不写，我称作"空"。然后，有一个读写头，这个读写头可以在纸带上前后滑动，可以读取纸带上的内容，也可以在纸带上写字或者把已经写好的字擦除。你可以把读写头想象成自己拿着一个橡皮擦和一支铅笔。

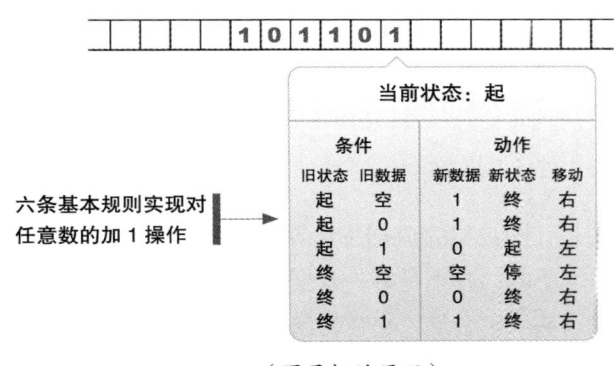

（图灵机的原理）

这个读写头可以给自己标记一个当前状态值，例如，我用"起"表示读写头的当前状态是起步，用"终"表示读写头当前的状态是终了，用"停"表示读写头的当前状态是停机。读写头还有一个本事，就是可以根据一组条件规则来执行一组动作。

好了，关于图灵机就介绍完毕了，就是这么一个假想出来的简单机器，但是它却无比强大，它就像是那根可以编织任何华丽毛衣的毛线。图灵机可以完成任何有限次数的数学和逻辑运算。

我来举一个具体的实例帮助你理解图灵机的工作原理。我们只要给图灵机赋予六条基本的规则，就能让它完成给任意数字加 1 的工作。这六条基本的规则是这样的：

第一条：如果读写头的状态是"起"，并且读到的数据是空，就写入数字 1 ，并把自己的状态设为"终"，读写头右移一格。（从下一条开始，我就把上述规则中那些描述性的"废话"都删除了）

第二条：起 0 1 终 右

第三条：起 1 0 起 左

第四条：终 空 空 停 左

第五条：终 0 0 终 右

第六条：终 1 1 终 右

以上就是让图灵机完成加法运算的六条规则（程序）。当然，根据初始的数字不同，并不是每一条规则都会被执行到。但不论遇到什么情况，读写头一定会从"起"的状态执行到"停"的状态，当读写头停下来了，就表示纸带上显示的数字是初始数字加 1 后的数字。

下面这张图是 111+1 = 1000 的计算详细步骤。（有些读者可能会不懂，为啥 111 + 1 会等于 1000 呢？因为这是二进制计算，不是逢十进一，而是逢二进一）

既然可以加 1 ，那么加 2 无非就是重复执行 2 次，能执行加法就等于能执行所有的加减乘除，甚至是更高级的幂运算或者开方运算，读过高中的读者都应该明白这其中的道理，一切运算都可以还原为加法运算。

好了，如果听到这里，你完全听懂了，那么恭喜你，你的见识已

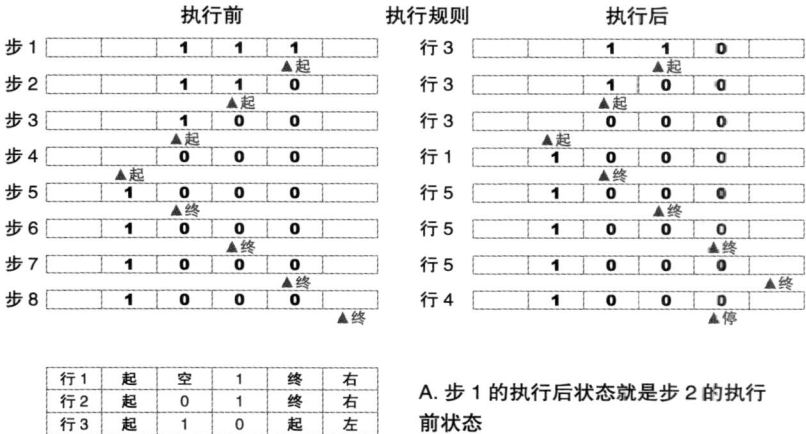

行1	起	空	1	终	右
行2	起	0	1	终	右
行3	起	1	0	终	左
行4	终	空	空	停	左
行5	终	0	0	终	左
行6	终	1	1	终	右

A. 步1的执行后状态就是步2的执行前状态

B. 最后一步，既是停机判断，又是读写头复位操作

经成功地提升了一个境界，你就好像是升级成功的尼奥，可以看透黑客帝国母体的本质了。一切现代的计算机在本质上都是这样一台图灵机。

不过，你马上就会生出更大的疑问：一个会做四则运算的计算机怎么就能变成今天可以看电影、打游戏、发微信的手机呢？图灵机和人的意识到底有什么关系？

计算机算法的局限

其实，计算机上的所有行为都可以转换为数学和逻辑运算。如果把计算机的行为抽象出来看，无非就是输入、计算、输出这样三个过程。例如你在屏幕上点一下"磨皮"的按钮，这个叫输入，经过一定的运算后，返回你一张更漂亮的自拍照，这个叫输出。

解释"磨皮"背后的算法会太复杂，我们简化一下问题：将图片从彩色变成黑白。它背后的算法就是当年研究彩电的人鼓捣出来的，计算过程是这样：大家都知道任何彩色图片都是由红绿蓝三原色组成的，也就是照片上的每一个像素都是一个彩色的点，而这个点都是红绿蓝三种颜色的混合，现在我们只需要利用一个经验公式，把红色的颜色值乘以 0.2989，绿色值乘以 0.587，蓝色值乘以 0.114，再把结果求和，得到的数值就是图片的灰度数值，把照片上的每一个像素点计算一遍，转换成黑白模式，就得到了一张从彩色变成黑白的照片了，它的背后就是数学。

上一节介绍的那六条完成加 1 运算的图灵机规则也可以叫作程序，计算机程序就是用来描述某种运算过程的机器语言，所有程序还原到最后都是图灵机中两个条件加上三个动作的组合。

好了，有了这些前置知识，我们就可以继续来探讨人工智能是否能觉醒的问题了。我们现在有两个研究对象，一个是计算机系统，一个是大脑神经元系统，解决问题的关键在于比较这两者之间的异同点。就我所知，在这个问题上，最早做出深入思考的科学家是英国著名的物理学家彭罗斯，他专门就此问题写了一本厚厚的专著，叫《皇帝新脑》。彭罗斯认为：只要我们的计算机系统依然是图灵机，就不可能觉醒。话说得斩钉截铁，没有任何含糊。

那彭罗斯何以能得出这么斩钉截铁的结论呢？他当然是有论据的。彭罗斯的论据很多也很复杂，我这里选取其中最重要也是最核心的两个论据解释给你听。

第一个论据叫作哥德尔定理。这是大数学家也是爱因斯坦的好朋友哥德尔证明的。哥德尔定理有两条：

一、任何相容的形式系统，只要蕴涵皮亚诺算术公理，就可以在其中构造在体系中不能被证明的真命题，因此通过推演不能得到所有真命题。

二、任何相容的形式系统，只要蕴涵皮亚诺算术公理，它就不能用于证明本身的相容性。

我估计绝大多数人看不懂，因为术语太多。但是这没关系，有时候知道自己并不是真正的懂反而是好事，带着问题去学习效果最好，要真正搞懂哥德尔定理，那需要很多前置知识，再下一番功夫。我这篇文章是为了科普，所以不得不放弃一些严谨性，上面这两条哥德尔定理可以得出一个推论：在数学中，必定存在既不能证实也不能证伪的命题，假如我们只能用数学本身来证明的话。我务必提醒你注意后半句"假如我们只能用数学本身来证明的话"。这也是很多人对哥德尔定理的一个误解。哥德尔定理只是说数学本身无法证明所有的数学问题，而并不是说所有的数学问题根本无法证明。假如我们能找到一种比数学更高一个层次的形式逻辑，那么就有可能证明所有的数学问题了。

再换句话说，就是存在无数个数学结论，但这些结论根本不可能用数学本身给算出来。图灵机只能用数学来计算数学问题，而且仅仅只是那些数学中可以被有限次计算步骤计算出来的问题，这些问题只占所有数学问题的一小部分。

但是，我们的人脑好像不是这样的。人似乎有一种很厉害的本领叫作"洞察"或者说"直觉"，我们可以凭空冒出许多最终被证明是正确的想法，这些问题完全不像是计算出来的。例如，在数学中有一个经典的不可知问题，就是集合论中的连续统假设，你不需要去搞明白这个假设到底说的是什么，你只要知道，这个数学问题就是用数学本身无法证实也无法证伪的问题。假如我们的大脑也像图灵机一样工作，那么按理说，我们只要一想这样的问题，就应该死机了，大脑陷入了无限死循环。但事实上没有，而且人类还可以凭空发现这个问题是不可计算的。

在彭罗斯看来，这就说明了我们人类的意识是高于数学系统的，只要我们的计算机还是图灵机，还是完全基于数学的框架，那就不可能达到人类意识所表现出来的种种令人惊叹的行为。

第二个论据叫作算法无法演化。彭罗斯的原话是这样说的：假如我们的大脑只是在执行一系列非常复杂的算法，那么我就应该询问这种非常复杂有效的算法从何而来。生物学家告诉我们的答案是"自然选择"。也就是说，生物在演化过程中，那些更有效、更有利于生存的算法会保留下来，遗传给下一代，如此逐步升级。我完全相信自然选择是生物演化的原理，但是我却看不出自然选择本身如何能演化算法。对比我们所有的电脑程序，你会发现，程序的有效性和概念本身最终要归功于至少一个人类的意识。

彭罗斯的意思是说，人的大脑可以凭空创造出算法，但是图灵机不能自己创造出算法，只有被人类的意识赋予了那些按照条件执行动作的规则，图灵机才能运行。

当然，彭罗斯还提出了其他一些论据，包括著名的图灵停机问题，我这里不再展开谈。总之，彭罗斯的结论就是，人类目前的计算机工作原理是无法创造意识的，电脑和人脑不在一个层次上。

在这里，我必须提醒大家，彭罗斯《皇帝新脑》的出版年份是1989 年，那个时候的计算机和今天的相比显得非常原始，那时候人们对大脑的认识也与今天不可同日而语。但是，即便是在那个年代，即便以彭罗斯当年在科学界的声望，此书一出，也几乎是立即就遭到了强烈的反对。

例如，著名的认知科学和人工智能专家马文·明斯基（Marvin Lee Minsky）就是反对声最大的几个科学家之一。明斯基是麻省理工学院人工智能实验室的创始人之一，1969 年就获得过图灵奖。有些文章中把他称为人工智能之父，当然，有这个称号的科学家其实很多。明斯基 2016 年去世。

明斯基在看完彭罗斯的书后，在一次学术会议上，非常激动地做了一次演讲，题目是"有意识的机器"，其中一段原话是：在某些思想领域，更多的人对我们的无知本性采取了不同的立场。他们努力工作，为的不是找到答案，而是表明根本没有答案。这就是彭罗斯在《皇帝新脑》中所做的，他在书中一章接一章地反复叨念着，人类的思维并不基于任何已知的科学原理。

另外一位著名的人工智能专家，也就是在 1971 年就获得过图灵奖的约翰·麦卡锡（John McCarthy）在 1998 年的一篇论文中指出：彭罗斯忽略了一点，他宣称"形成判断是有自我意识的标志，编程人员是没法把这一点变成计算机程序的"，而事实上，大多数的 AI 文献都讨论过在机器记忆中有关它做出的事实和判断的表现。用 AI 的术语表达就是，AI 的认知论部分和启发式部分一样突出。

一直到现在，对彭罗斯观点的反对声也是不绝于耳。总的说来，所有的反对声可以总结为这样一个观点：图灵机的局限性彭罗斯已经说得很清楚了，但是他却没法严格证明人脑已经突破了图灵机的局限性，我们今天所知的一切看上去令人惊叹的大脑行为，完全有可能依然是在可计算的数学框架内的，并没有逾越这个大框框。

是不是真的是这样呢？下一节我带你去了解一下目前人类已经掌握的人工智能算法的实质到底是怎样的。

人工智能与机器学习

可能在你的认知中，人工智能的技术原理是根本无法理解的高超技术，只有那些疯狂的科学家才懂。但是，我却想告诉你，今天所谓的人工智能技术可能离你心目中的"智能""智慧"相去甚远。准确地说，人类今天所掌握的人工智能技术只是一种"机器学习"和"概率预测"的技术，不但离不开"人工"，也并不"智能"。

下面我将用一个实例来为你揭开你在各个大佬口中听到的那些"人工智能'的实质。现在，我给你一份泰坦尼克号所有船员的名单。这份名单包含了以下这些信息：

乘客编号、姓名、舱位、性别、年龄、是否与亲戚同行、船票号码、票价、房间编号、登船码头，以及是否存活。

我将这份名单随机分成两半，这两半数据只有唯一的一个差别：我隐藏了其中一组数据中"是否存活"这项。现在，我交给计算机一个任务，就是通过学习其中一半的数据，然后来预测另一半数据中每个人的生死。

这个程序可以写得极其简单，也可以写得很复杂。最简单的算法是：统计一下乘客的死亡率，发现已知的一半人的死亡率是 62%；有了这个数据，那么另一半人我把他们全部预测为"死亡"，也有 62% 的正确率了。那怎么继续提高预测准确率呢？我们继续统计已知数据中男女的死亡比例会发现，女性的存活率是 74%，男性的存活率是 18%。好了，有了这个数据，我们马上可以大幅度提高预测的准确性了。

算法可以继续复杂和优化，乘客的每一个属性都有可能影响他的存活率，而很多属性又会交叉影响。但无论怎么复杂，都是一种数学统计模型：通过已知的这一半数据，不断地优化每一项参数在存活率中所占的权重，最终得到的是一个数学公式——把乘客的每一个属性的数值（例如票价、年龄等）代入公式。你可能会问，像性别这种只分男女，没有数值，怎么办呢？这不难办，在数学建模中，我们可以给男女人为规定一个数值，比如男 =1、女 =2，或者男 =0、女 =1，这就看你的算法怎么设计。最终，每一个乘客根据这个公式，都会计算出一个表示生或者死的数值。这就完成了从机器学习到预测的全过程。

上面这个例子并不是我杜撰的，而是布鲁萨德的新书《人工不智能》中一个 AI 算法的实例。我只是将这个例子提炼精髓，做了进一步的简化。在这个实例中，计算机算法对于泰坦尼克号上的乘客死亡率的预测准确性可以达到 97 %。

从这个例子中，我们可以得出这样两个结论：

人工智能依赖已知的数据工作：你"喂"给它的数据越多，它就可以预测得越准；反之，如果"吃"不到数据，它就无法工作。

人工智能本质上只是一种数学统计模型的具体应用，本质上还是一个计算器：只是计算公式超复杂，运算速度超快而已，计算机并没有"思考"。

所以，人类今天所掌握的人工智能技术还只是一种"机器学习"和"概率预测"的技术，不但离不开"人工"，也并不"智能"。现在我们人类所开发出的所有人工智能程序，不论是"阿尔法狗"，还是谷歌的打电话 AI，它们在实质上都依然符合上面两条。理解了这些，希望你对人工智能不再感到神秘和膜拜。

显然，像这样的人工智能还远远谈不上觉醒。因此，搞人工智能的圈子把这种类型的人工智能称为弱人工智能，而像《西部世界》中那样有自我意识的人工智能则被称作强人工智能。

但是也有一些哲学家和科学家认为，弱人工智能和强人工智能之间并没有一条泾渭分明的线，换句话说，无意识和有意识之间也不是生和死这样的明确差别。我们每个人自以为的自由意志或许只不过是一种幻觉，而这种幻觉只不过是条件和规则足够复杂后涌现出来的罢了。

他们认为，弱人工智能本质上是"机器学习"和"概率预测"的技术，但你怎么知道我们人类所谓的思考其本质上不是这样工作的呢？人类做出的任何判断，也必须依托于过去的经验。差别仅仅在于条件和规则的复杂程度，当弱人工智能处理的数据足够多，执行动作的可能性也足够多时，自我意识就涌现出来了，也就逐步成了强人工智能。

关于人工智能与自我意识之间关系的哲学思考，有三个著名的思想实验。知道了这三个思想实验，你也就大致了解了哲学家是怎么看待人工智能的觉醒问题。

三个思想实验

图灵测试

在 1950 年之前，对于到底什么才算是"智能"，不论是哲学家还是科学家，都很难给出一个大家都比较认可的定义，直到图灵在 1950 年发表了那篇意义非凡的论文。图灵在这篇论文中大胆地预言具有真正智能的机器一定会出现。为此，他给智能下了一个定义，这就是著名的图灵测试：假如一个人与另外两个"人"（A 和 B）进行不见面的对话，A 是机器，B 是一个真人。但是，无论这个提问者怎么努力发问，他都无法区分出 A 和 B 到底哪个才是机器，那么就可以说这台机器通过了图灵测试。

图灵提出，假如一台机器通过了图灵测试，我们就可以认为它具备了智能，也就是说，它觉醒了。图灵测试之所以出名，因为这是在人工智能探讨方面第一个非常严肃而且具备可检验性的定义。从中也可以看出当一个受过严格科学训练的科学家进行哲学思考时，他能够把科学思维带入哲学思辨中。

图灵测试提出后，表示反对的声音当然一直就有，只是，没有人能提出一个比图灵测试更具备可操作性的替代定义。

在所有对图灵测试的反驳中，最出名的是 1980 年美国哲学家约翰·罗杰斯·塞尔在一篇论文《心灵、大脑和程序》中提出的一个思想实验。

中文房间

假设有一个对汉语一窍不通、只说英语的人被关在一间只有一个开口的封闭房间中。房间里有一本用英文写成的手册，指示该如何处理收到的中文问题，以及如何以中文回复。房外的人不断向房间内递进用中文写成的问题。房内的人便按照手册的说明，查找到合适的回答，将相应的中文字符组合成对问题的解答，并将答案递出房间。

塞尔认为，哪怕房里的人能骗过房外的人，让对方以为自己懂中文，其实房里的人压根就不懂中文。如果把这个思想实验类比图灵测试，那么房里的人可以比作是试图通过图灵测试的计算机，而那本手册可以类比为计算机程序。虽然房里的人可以正确地回应房外的人的问题，但是，正如房里的人压根不理解中文一样，计算机也不可能通过程序来获得理解力。既然计算机没有理解能力，那"智能"便无从谈起了。

但是，关于这个思想实验的争议也很大。有些哲学家从这个思想实验中得出的结论反而是所谓人类的理解力也不过就是一种"幻觉"，本质上和查手册并无区别。有些哲学家反驳塞尔，假如你说的这台机器能通过查手册以假乱真，那么，我完全可以认为它具备了对中文的理解力。所谓的理解，就是人、纸、笔、手册等所有这些工具联动起来的一种涌现而已。

另一位美国哲学家丹尼尔·丹尼特就提出了一个与中文房间针锋相对的思想实验，试图论证机器和人不存在本质区别。

亿年机器人

丹尼特是美国塔夫茨大学的哲学教授，他在 2013 年出版了《直觉泵和其他思维工具》，就是在这本书中，亿年机器人的思想实验被首次提出。这个实验是这样描述的：

假如我们爬进一个休眠仓，希望自己能在 1 亿年之后成功地苏醒。为了达成如此艰巨的目标，我们必须制造出一个能感知环境、回避风险、寻找资源的机器人，我们只留给"他"一个指令："让我活着"，然后我们就休眠了。在这 1 亿年中，我们再也无法对这个机器人进行任何干预。机器人为了完成终极目标，必然会把这个大目标分解成无数个小目标，在执行这些目标的过程中，机器人就会开始演化，就会表现得越来越像人。

丹尼特讲到这里，话锋一转，他提醒每一个读者：在这个思想实验中，我们每个人不就是机器人嘛，而这个思想实验中的人就是基因。基因创造了生物，然后就放手了，什么都不管，唯一的指令就是把我传递下去。人就是基因为了让自己永生而演化出来的产物，从基因把控制权让渡给了人类的那一刻起，人类就拥有了自由意志。

那么，既然人本来就是机器，机器为什么就不可以拥有意识呢？

好了，我把人工智能是否会觉醒的三个最重要的哲学思考给你介绍完了，不知道你会更倾向于哪一个思想实验？稍微换一下思路后，我还是要继续带你回到科学的轨道上来，科研是非常务实的，但每一步都是积累确定的知识。

在科学家看来，觉醒问题可以转换成计算机系统能否模拟神经元活动的问题。他们有两个研究对象，一个是计算机系统，另一个则是大脑的神经元系统。从下一节开始，我要给你介绍人类对大脑的研究历史。

脑电图

英国生物学家理查德·卡顿 1875 年发现，把电极放置在与视觉相联系的脑区表面，然后对实验中的动物发出闪光的刺激，能够检测到电压的变化。他也观察到了自发的脑电变化，但他对此没有特别的兴趣，也就没有进一步探究下去。几乎与此同时，波兰科学家阿道夫·贝克进行了相同的实验，并得到了相同的结论。贝克对脑表面自发的脑电活动做了这样的总结："在第一次实验和所有的验证实验中我都注意到，如果将两个电极放在大脑半球的两个固定位置时，两个电极之间的电位差并不稳定，会有增减变化。这种变化既与呼吸节律无关，也与脉搏不同步，而且这种变化的方式也不取决于动物的运动。我们在被毒素麻痹了的狗身上也发现了这种变化。因此我相信，这些电位变化是脑中枢自发活动的结果。"

在卡顿和贝克从动物实验得到各自发现结论的 50 年后，人们终于确切地正实了：人脑也有自发的脑电活动。当时在精神病院工作的德国精神病学家汉斯·伯杰发现，在人的颅骨表面能够跟踪记录到脑电活动。伯杰是在研究了心灵心理现象之后，转而研究脑电活动的，他最开始的研究内容包括思想感应和心灵致动。他根据自己的发现下了断言，在思想感应活动期间，仪器能够跟踪记录到人的脑电活动。1 年后，也就是 1924 年，伯杰第一次成功记录到了病人的脑表面自发的脑电活动，并将其命名为"脑电图"（也就是我们熟知的 EEG）。他的结论是：当受试者的感觉器官受到刺激，或者精神活动活跃时，受试者的脑电压会降低，并且波动加剧。伯杰对自己的实验守口如瓶，并禁止其他人进入他的实验室，也从不与同事讨论他的发现。在第一次发现并记录到人类脑电图的 5 年后，也就是 1929 年，他才第一次公开发表了关于脑电活动的研究成果。从 1929 到 1934 年，他每年发表一篇补充文章。1938 年，他公开蔑视纳粹党针对犹太人的种种暴行，纳粹党人解除了他精神病院主管的职务，他被迫退休。3 年后，他因抑郁症被送入了精神病院，同时患有严重的皮肤病，他不堪打击，选择了上吊自杀。伯杰的发现完全改变了脑科学研究，他本人也几次被提名为诺贝尔奖候选人，但德国纳粹从没有承认过他的重大贡献。

目前，脑电图仍然是探测大脑意识最重要的工具，并且，这种方法在未来很长一段时间内可能仍然会是主流。除了脑电图，还有其他记录大脑活动的方法，最常见的有两种。一种是用磁共振扫描仪检测大脑内部的血流动力学反应；另一种是用脑磁图（MEG）检查大脑周围的磁场模式。最近还新诞生了一种名叫"近红外光谱仪"的技术。但这三种方法，在理论和实际操作上都存在各种问题，因此还不能作为常规方法被应用在临床上。

脑电图技术能够检测大脑新皮层上由脑电活动产生的微小的电压

变化，变化值在 10 ~ 100 微伏之间。新皮层位于大脑外表面，主要负责知觉、动作、记忆和思维等认知活动。脑电信号是一种通过"体积传导"机制产生的集群电信号，主要由皮层椎体神经元产生，皮层椎体神经元因形状呈四面体而得名。但 EEG 无法对大脑皮层下的结构进行直接地测量，医生只能通过 EEG 对皮层细胞的作用进行推断。

EEG 的一大优势就在于它不需要受试者进行侵入性手术，比如把核心设备穿透头骨连接到大脑内。EEG 只需要将电极直接放置在头皮上，就可以采集信号。随着 EEG 技术的发展，它能采集的脑电信号的密度也越来越高。现在你甚至可以在头皮上放置 256 根电极。所以，用 EEG 记录整个大脑的脑电活动的分布情况已经很容易就能实现了。

脑电图虽然不需要侵入性手术，但放置电极的过程极其烦琐。先要擦洗头部的皮肤，然后要将湿润的电极膏涂在几十甚至几百个电极上。在采集的时候受试者还要尽量保持不动，如果电极移动，收集到的数据就很容易产生误差。所有这些问题都限制了脑电图技术的发展。不过现在，干电极横空出世了，它更敏感，并且使脑电图仪从临床专用设备变成了一款消费品类的设备。用户可以连续数小时使用干电极设备，获得关于自己的生物反馈信息。极客们可以用它分析自己的思维活动，失眠症患者可以用它记录睡眠状态。

说了那么多脑电，那脑电和意识之间的关系又是什么呢？是不是有脑电就有意识？其实从 20 世纪 40 年代后期开始，科学家就下了一个判断，个体有自主意识的最重要的标志是：能够检测到"活跃的"脑电信号。那什么又是活跃的脑电信号呢？简单来说，它的特征是，电压很低且上下快速波动。整个颅骨上的脑电波都是不同步的。一般来说，脑电波越向低频偏移，意识就越不可能出现。但是，也有很多相反的例子能推翻这一规律。所以，现在的结论是，"活跃的脑电信号"不能作为特定个体是否存在意识的基本标准。于是，科学家和临床医生需要寻找更可靠的测量方法。

意识的分界线

为什么需要一个判断人是否有意识的客观标准呢？可能你觉得这仅仅是一种研究大脑的科学探索活动。其实，这个客观标准有着非常重要的现实意义。

有两类患者，他们的意识状态非常需要医生进行判断。

第一类患者包括患创伤性脑损伤、脑炎、脑膜炎、中风的人或药物、酒精中毒后具有严重意识障碍的人。患者从这些来势汹汹的疾病中幸存下来后，身体状况逐渐稳定，但会出现残疾。他们有可能卧床不起、无法说话，或者虽然能张口但说不清自己的想法和意图。这些患者经过适当的护理，避免褥疮和感染，还可以存活很多年。

这些处于植物人状态的患者，用术语来说就是无反应性觉醒综合征的患者，总是循环性地进入和脱离睡眠状态。医护人员在床边对患者说，如果你听到我的话，捏一下我的手或转动一下你的眼球，但患者并没有反应。植物人可以把食物吞下去，也可以打哈欠、睁眼、转动眼球或头部，但他们并不是有意为之。患者剩下的只有无意识的行为，也就是通过脑干反射来控制生命的基本过程，这些条件反射包括呼吸、从睡眠到苏醒的过渡、心跳、眼动和瞳孔反射。特丽·夏沃是一个很有名的患者。她来自佛罗里达州，心脏骤停后，变成了植物人，这种状态持续了 15 年，直到 2005 年，她被医学手段结束了生命，也就是俗称的安乐死。要求法院结束她生命的正是她的丈夫，而她的父母坚决要求继续维持女儿的生命迹象，官司一直打到了美国联邦最高法院，最后她的丈夫胜诉。植物人是现代社会特有的现象。由于有了紧急救护系统和先进的医疗护理，植物人得以在大病后存活下来。在美国，有超过一万名植物人，他们住在临终关怀中心、疗养院或自己的家中。

尽管从行为上看，植物人似乎对外界没有意识，但缺乏证据并不意味着这些患者肯定没有意识，这种科学的怀疑态度，对患者是有益的。毕竟也有植物人醒过来的奇迹般的事例存在。对于植物人患者，医学上存在一个诊断的"灰色地带"，也就是在他们是有部分意识还是完全丧失意识上，模棱两可。有研究表明，20%的植物人是有意识的，他们其实是被误诊了。对那些照顾患者多年的亲友来说，知道自己关心的人是有意识还是无意识，心理上肯定会有完全不同的感受。

在临床诊断中，MCS 代表最小意识状态，这类患者不能说话，但却可以发出信号。他们发出的信号往往只是零碎、微小、没有规律的，比如在适当的情绪状态下微笑或哭泣，偶尔发出声音或打手势，或者用眼睛跟踪明显的物体等。我们猜测，这样的患者存在着微弱的意识，可以意识到一些事情，起码在某些特定的时刻是这样。

第二类患者完全不同，他们属于像我们一样大脑运转正常的普通人，只是因为要做手术，进行了麻醉。很多常见的疾病，比如去除恶性肿瘤、固定膝关节等，都需要使用麻醉。麻醉可以消除疼痛，但也抑制了其他的意识，麻醉会阻止患者移动身体，也会稳定呼吸，控制自主神经系统。这样的麻醉，一次的效果可以持续数小时。

一般来说，患者不会在手术过程中醒来，所以他们也不会被血淋淋的手术过程吓到，留下创伤性记忆，困扰终生。倒霉的是，麻醉觉醒可能会在少数的手术中发生，比例是每1000例手术会发生一次。如果麻醉师在手术过程中给被麻醉患者插管，这种情况就很有可能发生。现有的脑电图技术能够监测手术中的麻醉深度。但在种类繁多的麻醉药物中，没有一种能对各个年龄段的患者都有效。

这就是临床医生认为的最需要判定是否存在意识的两大类患者。为了清楚地了解他们的意识水平，我们需要一种可靠的探测个体意识的工具。所以，就临床实践来说，关键问题不是问到底什么是意识，与其争论定义，不如发明一个能够客观检测大脑活动强度的工具，有了大脑活动的指标，至少可以脱离只定性不定量的哲学思考。

21世纪初，为了探测意识的整合度，威斯康星大学麦迪逊分校的精神病学家、神经科学家朱利奥·托诺尼和另一位神经科学家马西米尼的团队合作，他们基于脑电图和一种名为"整合信息论"的意识理论，通过一种机算法，对意识水平进行了比较粗略的估计。虽然算法算不上精确，但他们用这种方法，准确区分出了6名健康志愿者的状态，比如他们是清醒地静静地闭着眼睛，还是处于深度睡眠的无意识状态。这初步证明了该方法的有效性。

处于深度睡眠的人，大脑就像一个运转功能出问题的时钟。在刚刚所说的实验中，志愿者脑电波的初始波幅大于他醒来时的波幅，但脑电波的持续时间要短得多，并且不会让相互连接的脑区彼此回应。深度睡眠时，虽然神经元仍然保持活跃，这一点可以从局部脑区的强烈反应中得到验证，但大脑的整合功能已经不再起作用了。清醒大脑中的脑电活动模式，在深度睡眠状态下的大脑中很难见到。扩展该方法，可以区分一些更复杂的大脑状态。在过去几年里，托诺尼、马西米尼和另外17位神经科学家，已经在许多受试者中测试了这个方法，并于2016年发表了一篇具有里程碑意义的研究论文，详细总结了这套方法。

研究人员使用经颅磁刺激（TMS）技术，在患者的头皮上放置了一个封闭线圈，线圈会发送一个脉冲磁场，刺激大脑的相应部位，在皮层神经元中触发短暂的电流。从不同脑区对脉冲磁场的反应可以看出，如果一个人是清醒的，他的大脑是神经连接完好的，那么他大部分的大脑皮层的活动都非常复杂，既不是完全规律的，也不是完全随机的，只能用"复杂"这个词来形容。研究人员用一种数学方法评估了大脑的复杂性，想弄清楚不同的脑区在不同的时间范围上，神经反应究竟存在着多大的差异。这种评估方法来自计算机科学，它的算法也是著名的 zip 压缩算法的基础。在计算机领域，zip 算法主要用于压缩图片和电影，以减少存储它们所需的磁盘空间。这也是为什么科学界将检测意识的过程称为刺激与压缩（zap and zip）的原因。最后，每个人的脑电反应转换成了一个确切的数字，这个数字就是"扰动复杂度指数"（Perturbational Complexity Index，PCI）。如果大脑没有对磁刺激做出反应，比如大脑皮层受到抑制时就会出现这种情况，又或者脑电仅有微弱的波动，那么 PCI 的数值就接近于 0。而大脑反应复杂度最高时，PCI 的数值就接近于 1。PCI 是一个在 0 到 1 之间浮动的数值，数值越高，大脑对磁脉冲的反应就越复杂和丰富多样。

PCI 研究的方向非常明确，接下来就是找到 PCI 的临界值，也就是在 0 到 1 的数值定个位，小于这个临界值，患者就是无意识的，大于这个临界值，患者就是有意识的。这个临界值至关重要，它是能够产生意识的大脑活动复杂度的最小值。那些"灰色地带"的患者，用常规方法无法知道他们是否存在意识，那么就需要用 PCI 去判断一下他们的大脑意识水平。

2016 年，研究开始了。研究人员在比利时和意大利的一些专科诊所，对受试者使用了这项技术。研究发现，当把 PCI 的临界值设定为 0.31 时，可以完全准确地推断出那些健康受试者是否有意识。接着就要进入"灰色地带"了，先去判断一下 MCS，也就是最小意识状态的患者，到底是否存在着意识。最小意识状态的那组患者，除了具有基本的反射功能，还存在其他意识行为的迹象。在38例最小意识状态患者中，研究人员正确辨识出了其中36例存在意识，只把2名患者诊断为无意识状态。接着研究人员就对植物人进行实验，在43例无法沟通的植物人患者中，有34名患者被判定为无意识。而另外9名植物人患者的PCI值大于0.31，也就是说，他们大脑反应的扰动复杂性，与许多对照组个体在有意识的状态下一样高。这些患者的皮层反应高度复杂，有可能存在意识，只是无法与外界及亲人沟通。

除了PCI指标，还有一项检测植物人是否具备意识的方法。2010年，英国剑桥大学脑科学博士亚德里安·欧文带领的研究小组通过功能性核磁共振成像技术（fMRI），对23名植物人的脑部进行了扫描，以观察他们对于外界刺激的大脑反应[1]。这23名植物人都能够像正常人那样交替进入睡眠和醒来的状态，甚至眼睛也可以睁开，但对外界事物毫无反应，言语、意识和思维能力接近于零。根据医学界对于植物人的定义，他们都已经处于"永久性植物人状态"。这些植物人中，有4人被扫描出，脑部对于外界刺激会产生反应，他们可以想象运动场景，也可以想象空间场景。当他们思考不同问题时，脑部血流会在核磁成像中呈现出不同大脑区域的亮点。

而在这4名植物人当中，最令研究人员震惊的是一个已经深度昏迷5年的29岁男子。他竟然可以对"选择性问题"做出回答。比如，当问到"你的父亲是托马斯吗"，他可以通过思考后做出"不是"的反应，而当问他"那你的父亲是亚历山大吗"，他可以立即做出"是"的反应。研究人员总共问了6个类似的问题，其中包括"你是否有姐妹"等。在6道是非选择题中，他竟然答对了5题！

1 http://www.nydailynews.com/life-style/health/patients-vegetative-state-ability-communicate-new-research-shows-article-1.193440

这是世界首例科学家与永久性植物人进行的"交谈"，当然，这个交谈是打引号的。欧文博士说，这不仅仅是一个简单的检查或者实验，最重要的是，它首次提供了一种方法，可以使病人向外界传达他们的想法。我想，未来，越来越多的技术会帮助植物人通过自我意识来主动选择他们活着还是离去的命运。这些被禁锢在躯壳中的灵魂也有人权。

不过，科学家们还有很长的路要走。比如如何改善刺激与压缩技术，如何进一步验证 PCI 的临界值，以保证能百分百检测到 MCS 和植物人患者存在的意识。还有一个问题，是否能找到其他生理学或行为学上的方法，帮助我们证明某些植物人患者真的存在意识。又或者，PCI 能否预测植物人患者有多少康复的概率。这些都是 PCI 研究的漫漫长路。但在寻找答案的同时，我们可以庆幸一下，在探索意识这个古老的问题上，我们终于取得了里程碑式的突破。随着技术的发展，我们还可以去探究婴儿是从什么时候开始有意识的，猫狗又是否有意识，这些都是非常有趣的课题。

大脑神经元

接下来，我们要进入本文最核心的部分了，就是比较大脑神经元与计算机系统在物理结构上的异同。

今天，脑科学家认为，我们每个人所谓的"我"其实就是一层大脑皮质而已。它的外形像一颗核桃，表面布满了褶皱。如果我们把这层大脑皮质取下来摊平的话，大小大约是 48 平方厘米，就像是放在餐盘底下的那块餐巾布大小，厚度大约是 2 毫米，比 1 元的硬币略微厚一点点。

我们的感知、思考、理解、表达、判断以及七情六欲都只不过是这块"餐巾布"产生的电信号。在这块"餐巾布"中，分布着大约200亿个神经元。你可以把神经元想象成是一只章鱼，只不过这只章鱼的每一根触手都像是一棵大树一样又细分出无数的小触须。

巧合的是，2018年人类能够制造的最复杂的单块芯片所包含的晶体管数量也是200亿个左右。从工作方式的角度来说，晶体管与神经元都相当于一种电位开关，因为它们都是通过两种状态来传递信息，有或者没有动作电位。但是，是不是这样看来，人类制造的集成电路的复杂程度可以媲美大脑皮质了呢？

这样想就太天真了，因为决定复杂程度的不仅仅是单个元器件的数量，还有一个更重要的因素，就是这些元器件之间如何连接。

在集成电路中，主要的器件是二极管、三极管和MOS管，出现最多的就是MOS管，它有四个端，你可以想象成长出四条触手的章鱼，这只章鱼的每条触手又与另外一只或者几只章鱼连接。大致来说，一块包含200亿个晶体管的芯片中，还包含着约1000亿根连接线路。下面这张图是集成电路的一个局部设计版图：

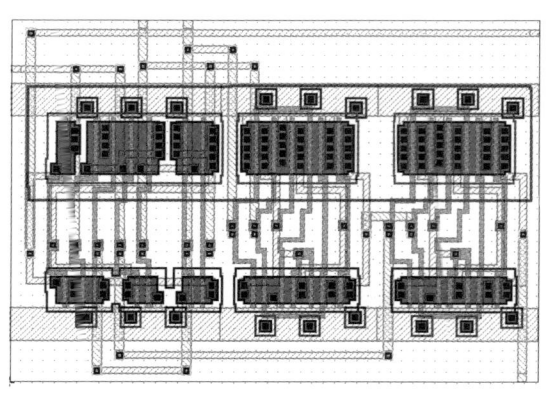

（上图，每一个方块都表示一个"器件"，而线条则表示金属连接线）

我们再来看一下神经元的连接，每一个神经元会和上千个甚至上万个其他神经元连接。包含 200 亿个神经元的大脑皮质层总共包含了约 20 万亿个神经连接。所以，仅从连接复杂性上来说，大脑皮质层的复杂程度依然比今天最复杂的一块芯片要高出 200 倍。

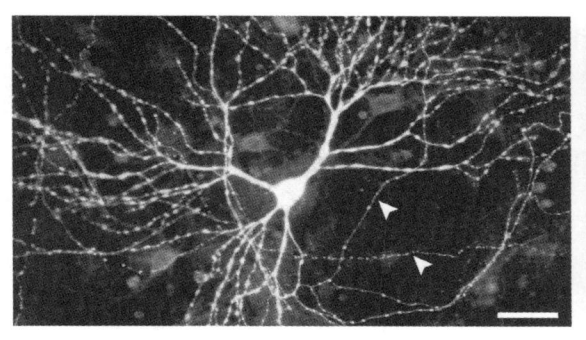
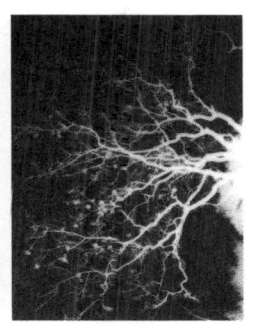

一个完整的神经元　　　　　　　神经元局部放大图

但这还没完，集成电路一旦制造完毕，所有的元器件和连接就固定下来终生不变了。但是，大脑神经元的连接不是固定不变的，而是可变的。比如我们学习一项新技能，今天学会了，明天就可能生疏，通过不断地重复练习，就能掌握一个技能，而且能够长久不忘。这个过程其实就是神经元改变自己的形状、位置和与其他神经元之间的连接。虽然我们现在还不清楚细节，但是我们知道某一些神经元以及由它们组成的某一种固定通路就使得我们能长久掌握一项技能。

听到这里，你可能觉得我们好像已经蛮了解我们的大脑了，其实，脑科学界都承认，我们现在对大脑复杂性的认识依然只是一点皮毛。这就好像刚刚来到了一大片森林的入口，我们只不过知道了这片森林的面积和入口处一些最典型的大树情况，这片神秘的森林中到底还藏着多少令人惊讶的东西，我们真的不知道。

说到这里，我最后想告诉你的结论就是，我们现在能制造的计算机系统的复杂性与大脑相比，至少还有三四个数量级的差异。在我们没有能力制造出足够复杂的硬件系统之前，就不要奢谈人工智能的觉醒。

美国艾伦脑科学研究所的所长、首席科学家克里斯托夫·科赫认为，意识是达到一定复杂程度的物理系统所具备的一种属性。并且，一个物理系统越复杂，它所拥有的意识水平也就越高。如果未来，人类能打造出比人脑还要复杂的计算机系统，人工智能的意识水平就可能超越人脑。

科赫曾经与DNA双螺旋结构的发现者之一、诺贝尔奖得主克里克一起合作过。他和克里克都认为应该抛弃关于意识的本质到底是什么的争论，这种争论是一种哲学式的思辨，不可能争出结果。科学研究应该更务实一点，寻找一个判定是否具备意识的客观标准，也就是一个可以被测量的物理量，用这个物理量来判定一个系统是否具备意识。他主张，用典型的科学的方法，来研究意识的神经机制，比如，哪些特定的分子、神经元和神经回路与意识有关。可以说，克里克专注于研究意识在大脑中留下的"足迹"，使这个问题回到了科学的正轨上。而我们前面在介绍意识的分界线时，包括科赫在内的测量派已经取得了阶段性的里程碑式的进展，可以说他们找到了第一代用来判定意识是否存在的可测量值。

现在让我们再回到本文一开篇就提出的问题：人工智能觉醒的两条路径，即程序觉醒和意识上传，到底哪条路径更有可能走通呢？我的回答是：殊途同归！当我们的计算机系统复杂到足以模拟大脑神经元结构时，两种觉醒就具备了硬件基础。但以我所掌握的知识来看，要实现用计算机来模拟大脑神经元的复杂度，或许只有等到量子计算机的成熟才有可能。但是，无论如何，我不认为有哪条物理法则禁止人工智能的觉醒。

量子计算机

我们现在的计算机被称为"电子计算机"，它的最基本的工作单元是二极管、三极管、MOS 管。但不论是什么"管"，它的本质就是一个带开关的管道：关上管道，电子通不过，表示 0；打开管道，电子通过，则表示 1。有了 0 和 1，就可以用二进制来表示一切信息。

但是，这里面有一个最关键的核心点，电子计算机用来记录信息的基本单元其实不是电子，而是开关。每一个开关，我们称之为 1 位，也就是我们常说的 1 个比特（bit）。在某一个给定的时刻，信息单元有多少位，就代表能表达多少比特的信息量，我们现在的操作系统一般是 64 位的，也就是说用 64 个开关排成一串作为一个最基本的信息单元。

而量子计算机则从根本上改变了信息的存储方式，它用到了量子的一种奇异性质。像电子、光子这样的基本粒子，我们统称为量子，所有的量子都有一种很奇异的性质，这种性质被科学家们称为"量子叠加态"。

比如说，电子有一种性质叫"自旋"，每当我们去测量一个电子的自旋态时，我们总能随机得到两种结果（A 或者 B），但非常奇特的是，物理学家们发现，当我们不去测量电子时，电子的自旋态既不是 A 也不是 B，而是同时处在 A 和 B 两种状态的叠加态中。不仅是电子的自旋，量子的很多性质都有这种奇异性，例如光子的偏振态。

量子计算机用来记录信息的基本单元不再是"开关"，而是用电子的自旋态或者光子的偏振态等来记录信息。比如规定，自旋 A 表示 1，自旋 B 表示 0，那么，一个电子就可以同时表示 1 或者 0，因为电子的自旋态在没有观察之前，是处在叠加态中的。所以，在任何一个给定的时刻，电子的数量和信息量的关系是 2 的 N 次方，这里的 N 就表示量子的数量，也称为量子比特（quatum bit）。

我们来对比一下普通比特与量子比特在信息量上的差异，前者有多少位就有多少比特的信息量，而后者是 2 的 N 次方。2 的 10 次方就是 1024，指数增长是非常惊人的，如果涨到 2 的 20 次方，那么信息量就会变为 1048576 比特，如果到了 30 次方，就突破 10 亿了，如果指数增加到 64，我的电脑已经无法计算出 2 的 64 次方到底是多大的数字了，估计比银河系中原子的总数还多。

由量子计算机的基本原理可知，评价量子计算机性能的一个最基本指标就是看它能同时精确操纵多少个量子，也就是拥有多少位量子比特。

2013 年 5 月，谷歌和 NASA 在加利福尼亚的量子人工智能实验室发布了 D-Wave Two，这台量子计算机的量子比特数是 9 位，同时操纵 9 个量子，换句话说，它的信息长度是 2 的 9 次方，也就是 512 位。

2016 年 8 月，美国马里兰大学发明了世界上第一台由 5 量子比特组成的可编程量子计算机。

中国科技大学潘建伟团队在 2017 年 5 月 3 日发布了一台光量子计算机，量子比特数是 10 位，因此，信息长度就是 1024 位。量子比特数每增加一位，性能都是一次飞跃，难度也是极高的。这说明，我国在量子计算机上的科研水平已经走在了世界的前列。当然，量子比特的位数并不是全部指标，我们在可编程性上还没能超越国际同行。

量子计算机不仅仅是在信息长度上有着电子计算机无法比拟的巨大优势，在计算速度上也有着巨大优势。电子计算机的计算速度取决于开关的频率，频率越高，则算得越快，但不管频率有多高，电子计算机只能按次序老老实实地一次一次地做加法运算。所以，我们经常看到，评价超级计算机的运算性能都是用每秒钟运算多少次来评价，这个"次"就是一次最基本的加法运算。

　　但是，量子计算机却可以充分利用奇异的量子叠加态，在同一时间，并行处理加法运算，而不用排队。而且，运算速度会随着量子比特数的增加呈指数级的增加。我在电视新闻中看到潘建伟在一次讲座中就打了个比方，他说如果量子比特数能达到 30 位，那么我们现在最快的电子计算机用 15 年才能完成的运算量，量子计算机 1 秒钟就够了，就是这么夸张的差距。

　　不过，以目前人类的理论储备，哪怕我们实现了 30 位可编程的量子计算机，也无法完全取代传统电子计算机。这是因为，量子计算只对特定的、可以用大规模并行计算解决的需求有优势，对普通的文字、图像处理没有任何优势。换句话说，上网看个电影、发个邮件什么的，量子计算机根本发挥不出优势，至少在目前现有的理论框架中，还没有优势。但量子计算理论还是一门非常年轻的学科，随时都有可能在理论上出现突破性的进展，这个就要靠数学家们的努力了。

　　但是，量子计算机用来模拟超级复杂的对象却有着电子计算机无法比拟的巨大优势，像大脑皮质层的 200 亿个神经元，如果可以用差不多同等数量级的量子来模拟，那这些量子全部加起来也不会超过一个针尖大小。

　　量子计算机是完全不同于传统电子计算机工作原理的计算平台，它的编程模式也完全不同于传统的编程模式。虽然我们现在只是刚刚起步，刚刚做出了原型机，但是，这就像70年前的第一台电子计算机、30吨重的埃尼亚克诞生一样。当时的人们绝对想不到今天我们已经能把计算机装进口袋中，运算速度却是埃尼亚克的百万倍。

我们现在也绝对想不到30年或者50年后量子计算机能发展成什么样，量子操纵技术会发展，同时量子计算的原理也会继续发展，这两者的发展相辅相成，未来充满了种种可能性。

未来人会怎样

前面讲的这些还是停留在我们可以把握的近未来。那么如果把时间的尺度加长，在远未来，人类与人工智能的关系又会怎样呢？我想跟你谈谈我的思考。

我先请大家思考一个问题，怎么区分人类智能和人工智能。

你现在可能会觉得很清晰，人工智能不就是计算机中的程序嘛，而人类必须是活的生物体。但是再过100年，可能根据这个定义就很难区分出它们来了。因为我们很快就可以在头脑中植入芯片，利用最新的生物和计算技术来帮助听不到声音的人听到声音；我们还可以为盲人植入电子义眼，经过计算机芯片处理后，刺激神经产生图像。在这种技术的进步过程中，都需要用到计算机程序，也就是所谓的人工智能。这种技术再往下发展的话，我们就可以直接用脑机接口获取知识。我们可以把这个过程分成四个等级，等级越高，需要的脑机接口的性能也就越高。

这里假设：我需要获取的知识是一本书，比如《三体》。第一级，我在脑中用文字搜索了它，得到了文字的搜索结果；第二级，我访问云端，一秒就回忆起了这本书的全部信息，虽然我压根没看过；第三级，整个云端都是我大脑的一部分，我想起这本书的时候就知道这本书的全部信息；第四级，我需要的时候不但能把书倒背如流，还能对佳句有切身感悟。那么在这种情况下，人工智能和人类的大脑思考这两者之间的区别就已经变得模糊了。

或许再过 200 年，我们人类就有可能让自己在计算机网络中永生，也就是把自己全部的记忆知识上传到现在的计算机云中。到了那个时候，你可能就是一个活在计算机网络中的智能程序了。但是它拥有你全部的记忆和历史，还有你自己的思维方式和观点。如果这一天真的到来，那么到时候一个外部的活人，面对这样一个计算机程序中的亲人，他会把它当成一个人工智能还是当成一个活人？

或许再过 300 年，我们就可以为这些上传到计算机程序中的程序人外加一个机器人的身躯，当然也可能是生物体的身躯，这就看你自己的喜好了。那么这个时候，这个人到底是一个机器人，还是一个活人，你还能说得清楚吗？

实际上我们已经在朝着这个方向进化，这一切已经发生了。我们每一个人都已经是半机械人，只是你没有意识到而已。现在让我来点破吧。你觉得你的眼睛、嘴巴是不是就是你？你可能一下子没反应过来我这个问题问的是什么。所谓的人其实就是一张展开只有一块桌布大小的大脑皮质层，你所有的记忆、性格、意识都在这里存着，你就是大脑皮质，而人的嘴和耳朵只不过是大脑皮质的工具。我们用嘴和耳朵这样的工具与其他大脑皮质发生信息交流。而人体的一切器官也不过仅仅是为了让大脑皮质保持活性的工具而已。那么，我们现在人手一个的手机也是用来让我们和其他大脑皮质交换信息的工具。至于这个工具是拿在手里还是嵌在人的头骨上，有什么本质区别呢？把一个电子心脏塞进你的胸腔里面和别在腰上有什么本质区别呢？很快，我们就要穿戴上各种智能设备了，万物互联的时代也很快会来到，请记住我今天的话，我们已经是半机械人。

我认为自然选择和进化无时无刻不在发生，现在正在发生，将来也一定会继续发生。只要是更适合在这个宇宙生存，那么进化就必然朝着这个方向发展。而在我看来，"变形金刚"这样的金属生命，显然更适合在宇宙中生存。因为他们不需要水，不需要空气，可以在真空中活着。所以从这个意义上来说，如果我们把时间拉长到几万年来看的话，人类朝着"变形金刚"这种方向的发展是不可逆转的。

很可能在未来的某一天，当人类第一次与真正的外星文明接触的时候，从飞船上走下来的就是这样一个一个的"变形金刚"。如果用时髦一点、更科学的话来说，可以把它们看成是硅基生命体，而我们是碳基生命。这些硅基生命给我们讲述了一个在宇宙中普遍发生的古老故事。那就是在几万年以前它们也曾经是跟我们一样的碳基生命，但是经过了百万年的进化之后，它们终于摆脱了母星，自由地翱翔在太空中。现在请你想象一下，你就是第一个听到这个故事的人。这时候你再回想一下今天社会上关于人工智能会不会毁灭人类的讨论，你大概已经有答案了。

结　语

2017 年马斯克收购了神经链（Neuralink）公司，这位科技界的传奇人物开始正式进军脑机接口这个行业。我在一篇对马斯克的采访文章中，看到了和我在上一节中表达出来的相似看法。但在马斯克眼中，人类做的所有事情中最可怕的，就是试图唤醒计算机，开弓没有回头箭，一旦开始，就不可能停止了，人类会一直试图唤醒计算机，直到它真的醒来的那一天，这是正在发生的事情。

现在有两种观点，一种认为强人工智能会帮我们解决所有问题，另一种认为我们就是一群把自己不懂的炸弹当玩具玩的小孩。对于马斯克和其他许多人来说，研发强人工智能是迄今为止人类可能面临的最大的生存危机。应对这个危机的唯一办法就是：成为 AI。

而我个人的浅见是：AI 化生存是人类演化的必然，不以人类的意志为转移。

区块链和比特币

去中心化的理想

这几年互联网之中最火的词非它莫属：区块链！

我估计大多数人都是听着耳熟，但并不理解到底什么是区块链，好多人以为是某种跟物流有关的技术，我第一次听到时就是这么以为的。与区块链一起出现最多的词是"比特币"，显然，它们之间存在某种紧密的关系。

没有一定计算机基础的人，就算是去查各种百科，也一时半会儿弄不明白区块链是什么概念，和比特币的关系又是什么。

本文是一篇深度介绍比特币和区块链知识的文章，考虑到篇幅很长，我努力按照"自顶向下逐次求精"的原则，让你将比特币和区块链知识像剥洋葱皮一样，一层一层地深入下去，每剥下一层都有完整的知识收获。

区块链原本是一种基于互联网的信息编码、传输、加密、解密、验证技术，但在我看来，现在已经上升到了一种"去中心化"的理念，本质上是一种理念上的革新。而比特币就是这种理念的一个具体应用。打个比方来说，区块链就相当于电子商务，你想想 20 年前，有几个人懂什么是电子商务，它本质上也是一种理念，只不过这种理念必须要借助一定的技术手段来实现。而比特币就相当于淘宝网，是电子商务的一个具体应用。

所以，我们要理解什么是区块链，必须要先理解什么是"去中心化"。我举两个例子来帮助你理解。

第一个例子是从网上下载电影。最早的时候，我们下载电影都是到一些知名的电影下载网站上去下载。这些网站会把电影文件存放在一台或者一组服务器上，大家都访问某台服务器下载影片。这就叫中心化。在这个游戏规则中，电影网站的服务器就是中心，每一个下载电影的人只不过是这个中心拉出来的线而已。中心化的游戏中，玩家的地位是不平等的，网站主占据绝对强势地位，他想让你下载就下载，想给你限速就限速。后来，一种去中心化的下载模式出现了，这就是 BT 下载，也叫 P2P（peer to peer）下载，现在我们一般讲到 P2P 指的都是那种个人借贷的网站，但是最初的概念是从 BT 下载来的，P2P 就是个人到个人，点到点。BT 下载的原理与电影网站完全不同，影片并不是存在某个服务器上的，而是大家互相从网络上的每一个人那里去下载这个影片的一小部分，最后拼成一个完整的文件。在这个游戏中，所有玩家的地位是完全平等的，任何一个玩家可以随时离场、随时加入，只要这个游戏还有人在玩，整个游戏就能够正常运行，没有人拥有特别的权力。这就叫去中心化。

第二个例子就是我们每天都在使用的银行卡或者支付宝这些人民币支付手段，现金我们先抛开不谈。我们用无现金的方式支付人民币买东西，就是一个中心化的游戏，它的中心有好多级，比如说，支付宝的服务器是第一级中心，支付宝资金的托管银行如工商银行、中信银行的服务器就是第二级中心，这些银行的再上一级中心就是央行的服务器。在这个游戏中，不同级别玩家的权力、地位是不平等的，最大的 Boss 当然是央行，它甚至能发行货币，它的权力可以大到分分钟就把我们的钱全部抢光，很简单，它只要突然增发货币就可以了，物价突然上涨 100 倍，我们的钱就等于被抢光了。那货币游戏能不能像下载一样也去中心化呢？也是可以的，比特币系统就是这样一个去中心化的货币游戏系统，你可以把它看成是一个大型的货币实验。

比特币的游戏规则是这样的，就两条核心规则。第一，它的货币发行不是由某个机构说了算，而是公开一套算法，每算出一个符合要求的数字，就相当于挖到了若干个比特币。谁都可以去算，绝对公平，谁也不能作弊，因为算法本质上就是一个个数字去凑，凑出一个算一个。第二，比特币的交易信息不是记在某一台服务器上的，而是所有参与这个游戏的玩家电脑中一人一份，同步记录，这种交易记录在理论上几乎是无法篡改的。这就是去中心化账本。这样一来，所有游戏玩家的地位和权力就完全平等了，几乎没有任何一个玩家是特殊的。为什么要加上"几乎"两个字呢，因为，毕竟能够有能力挖比特币的那些矿主还是有点特殊的，但这种特殊性并不是太大，而且矿主也没有任何壁垒，只要你买得起好电脑，谁都可以当矿主。

不得不说，比特币的这个设计非常之妙，妙不可言，他的发明人，神秘的"中本聪"确实是棵大葱。

理解了去中心化，你就等于理解了区块链，一个真正的区块链项目就是通过合理的游戏规则设计辅以信息技术，来践行去中心化理念的项目。比特币系统就是去中心化理念和区块链技术的一个优秀示范项目。不夸张地说，我觉得这是一场互联网的理念革命，是人类的又一次平等化革命，上一次是打破了人与人之间在身份地位上的不平等，这一次是打破了游戏规则本身的不平等。正因为这样，所以区块链才能激发人们如此大的热情，这是一个听上去可以颠覆一切旧规则的新生事物。

然而，在我看来，比特币系统并不是一个成功的区块链应用，它是一个天生的残废。我为什么这么说呢？因为，从我前面介绍的比特币两条核心游戏规则就知道，它有以下这些天生的缺陷：

第一，比特币客户端软件需要巨大无比的存储空间，因为每一个

节点都必须要记录下从比特币系统诞生起所有的交易记录，截止到2018 年 2 月，这个交易记录文件已经有 147GB 那么大了，而且只会增加不会减少。

第二，为了防止有人作弊，比特币系统有一套很复杂的游戏规则来确保交易记录是真实的，这样就导致每一笔交易的确认时间一般需要一个小时，甚至几天。你想想吧，如果用比特币去街边买杯奶茶，会是什么情况。

第三，最多只有 2100 万枚比特币，而且，无论有多少人在挖矿，系统规则决定了平均每 10 分钟才能产出若干枚比特币（2018 年是12.5 枚）。我想起了一句话：人民群众日益增长的比特币需求与比特币总量不充分之间的矛盾。

但是，比特币不能代表区块链，区块链也不是比特币。区块链在未来可以有哪些应用呢？

实际上，区块链解决的核心问题是信任问题，大家想一下，所有的金融机构，例如银行、保险、券商等，让他们赖以生存的根本是信用。我们之所以会放心地买股票、买期货、买纸黄金，那都是因为我们信任充当交易中介的机构，而这些交易中介就是金融活动的中心，我们宁愿为此付出一定的手续费、交易费，金融机构也因此挣得盆满钵满。但是，当区块链在人们的观念上和技术上都成熟后，这种中心化的金融机构是有可能被颠覆掉的，因为我们可以利用区块链的理念和技术来改写游戏规则，让所有的金融产品交易都不再需要一个中心，而全部都以点对点的方式完成，并且从理论上能够保证信用问题。到了那时，银行还需不需要我不知道，因为银行可能还会涉及更复杂的国家利益问题。但是，一定会有很多商业金融机构受到区块链的冲击。

再比如，公证也是一个典型的中心化的贩卖信用的机构，区块链完全可以实现对公证行业的改写。关于区块链的应用，后文还会有详细阐述。

到此，我们对比特币和区块链建立起了总体概念，接下来，我就要帮你剥开下一层洋葱皮，了解一下比特币系统的基本原理。

比特币基本原理——数字指纹和非对称加密

我相信，去中心化的账本还是很容易理解的，只要把所有的交易记录都记在每一台电脑的账本上，然后就可以用计算机的强大计算能力，随时随地查出每个人的余额是多少。

但是大家不要忘了，在网络上记账与线下记账不同，网络上都是消息来消息云的，大家根本不见面。如果你收到一条信息，上面写着"A 支付 5 元钱给 B"。这时，你不禁要问：

第一，如何确保这条信息内容的完整性？

第二，如何确保信息的真实性？

这两个问题不解决，那么去中心化账本的理想就无法实现。

解决办法是有的。我们先来看怎么解决第一个问题：确保记账信息的完整性。这里要引入一个概念，就是数字指纹（很多文章也叫数字签名、哈希值，但是我喜欢把它比作指纹）。电脑上的任何信息，按照国际统一的编码标准，最终都被编码成 0101 来存储，这就是大名鼎鼎的二进制。例如"钱"这个字用二进制表示就是"1001010010110001"，再比如"A 支付 5 元钱给 B"这句话用二进制表示就是：

0100000011100101001011111001110110110000011010110100010100
0011100101001011000111111101101100101000010

普通人看到二进制往往无法和数字建立联系，实际上，上面这串二进制也可以用一个十进制的数字来表示，他们完全相等：

1000001110010100806064086640862600860084224884644068426026666644466222022422280428266806824220684100

看到了十进制的数，很多人才会认为这确实是一个"数字"。这就是数字指纹了吗？还不是。

二进制和原始信息只是一一对应的编码关系，一个英文字母或者数字对应 8 个比特，一个中文字符对应 16 个比特，原始信息越长，二进制编码也越长。任何原始信息都可以转换成一串数字，有了数字就可以做数学运算，玩出各种花样了。

现在，我们给数学家提出一个要求：请设计一个算法，将任何一条信息，不论长短，都计算出一个唯一的"数字指纹"与它对应。但有两个附加条件：1. 指纹的长度必须固定；2. 只能从"原始信息"计算出"指纹"，谁也无法从"指纹"反向计算出"原始信息"。

这个要求，看似很过分，但是难不倒数学家。1993 年，美国国家安全局发布了 SHA 算法，全称是 Secure Hash Algorithm，中文一般翻译为"安全散列算法"或者"安全哈希算法"。这个名称估计把你吓到了，听着特别学术（我有时候会听人说"嘻哈算法"，忍不住偷笑一下，各位千万别读错）。Hash 这个词没有对应的中文意译词，如果让我来意译 SHA 的话，我会翻译为"数字摘要算法"，基本上能表达该算法的含义，就是从目标对象中提取出一个特征摘要，就好像人的指纹一样。SHA 算法从 1993 年发布它的第零代，一直到 2015 年发布第三代，22 年间已经升级了三次。比特币用到的是第二代算法，简称为 SHA-256 算法，这里的"-256"表示由这个算法生成的指纹长度固定为 256 比特。大家可以很容易在网上找到在线生成 SHA-256 指纹的网页，这个算法是公开的，谁都能用，举例说明：

"钱"字的 SHA-256 指纹是：

0000111010111000011000111100011110001101101000111110001110
0000000000000000000000000000000000000000000000000000000000
0000000000000000000000000000000000000000000000000000000000
0000000000000000000000000000000000000000000000000000000000
00000000000000000000

"A 支付 5 元钱给 B"的 SHA-256 指纹是：

1111011110111011001010011011101011011111000001011101000000
0000000000000000000000000000000000000000000000000000000000
0000000000000000000000000000000000000000000000000000000000
0000000000000000000000000000000000000000000000000000000000
00000000000000000000

大家看到，不论原始信息有多长，生成的指纹都是一样长的。而且这个指纹还有两个显著特点：1. 原始信息只要改变一点点，哪怕只改动一个数字，整个指纹就会发生巨大的变化，毫无规律可循；2. 截止到 2018 年 2 月，世界上还没有任何公开的方法可以从指纹反向计算出原始信息，普遍认为理论上无法破解。

不过，在实际的使用中，256 位的二进制数据太长了，使用起来很不方便，还很容易看花眼。于是，指纹通常用十六进制来显示，反正二进制到十六进制是一一对应的。

"钱"的十六进制指纹是：

0eb863c78da3e38b6b92d1f3999566e5d8e17a6f700a112c8993cf6bfc4
8f70b

"A 支付 5 元钱给 B"的十六进制指纹是：

f7bb29badf05d41e60b1036d749f134a901c7a97daef7a1fe4=1e14471
bd4833

这样看起来就简洁多了，我们可以试一下把"5 元钱"改为"6
元钱"，看看指纹的变化有多大，下面是改后的指纹：

1d48da12b0fb29efe6f690185922f96d259bd887343735898bfc3901a8
3b58c3

看到了吧，仅仅改动了一个数字，但指纹几乎没有一位是相同
的，这就是 SHA 算法的神奇之处，这就确保了指纹没有规律可循，
无法被反向破译。

有了数字指纹，就可以解决第一个问题"确保记账信息的完整
性"。怎么做？很简单，我们只要做出一个规定：任何发出信息的一
方，必须同时发出原始信息的指纹。那么收到信息的一方只需要用公
开的 SHA-256 算法把原始信息也生成一个指纹，和收到的指纹比对一
下，如果一致，就说明收到的信息是完整的，如果不一至，说明收到
的原始信息由于某种原因被修改过了，这个原因可能是数据传输过程
中的错误，也可能是被人篡改了，等等。那会不会有一种巧合，原始
信息和指纹都因为某些传输错误发生了改变，恰好错误的指纹数据就
是出错后的原始信息指纹，也就是负负得正了。这事当然不是绝对的
不可能，但是从概率上来说，想要自然发生，大概等到宇宙灭亡了也

不会发生一次，概率已经低到可以彻底忽略。

不过，你可能也想到了，还有一种可能性，就是黑客恶意篡改。因为 SHA 算法是公开的，如果有一个黑客拦截了原始信息和指纹，他把原始信息修改掉，比如把"A 支付 5 元钱给 B"改为"A 支付 5 元钱给 C"，同时生成新的指纹发送给你。这该怎么办呢？这就是我们要解决的第二个问题：如何确保信息的真实性？解决了这个问题等于也解决了信息发送方想抵赖的问题。

解决第二个问题的关键就是给指纹加密。但是，这种加密还不能是那种我们在谍战剧里看到的电报加密的方式，大家不妨回忆一下看过的谍战剧，我党地下工作者收到一个电报，上面写着 2352，于是他从书架上拿出一本书，翻到第 23 页，再数到第 52 个字，写着一个"撤"字。这就是组织上通知这位同志马上撤退，有人叛变了。这种加密方式的坏处就在于，只要敌人也掌握了密码本，不但可以破译电报，还能发送假电报钓鱼，原因就在于加密和解密的方法是完全一样的，能解密就能加密。所以，这种加密方法被叫作"对称加密"，解密的过程只不过是加密的逆过程而已。

"对称加密"用在我们想要的去中心化账本系统中就不好使了，因为我们既要让网络上的每一个信息接受者能够解开密文知道原始信息，又要让黑客即使拿到了密文也只能干瞪眼，无法篡改密文，关键就在于加密和解密的方法必须不一样。所以，就要求数学家搞出一种全新的加密算法，这种算法是非对称的，加解密不是互逆的过程。

能不能搞出这样一个巧妙的加密算法呢？当然是能的，否则就不会有比特币了。下面我用一个简化版的非对称加密算法模拟一下我们想实现的效果：

原始信息是一个数字：269

现在，我用了一个只有我自己才知道的加密算法得到一个密文：24479

然后，我把 24479 告诉所有人的同时，我还宣布解开我这条密文的钥匙就是数字 11（后面我们就把这个公开的钥匙称为公钥，很奇怪的是，字典上说要读成"公月"，实在是别扭，我身边 99％ 的人都念"公药"），任何人只要用 24479 乘 11，取结果的后三位，就能得到我想要告诉大家的原始信息。不信吗？我们试试看：

24479 × 11 = 269269

哇，好有意思，不但后三位，连前三位都是原始信息。我是怎么加密的呢？很简单，我把原始信息乘 91 当作密文，而这个 91 就可以叫"私钥"，我私人的加密钥匙。这样就实现了加密和解密是完全不一样的两种算法。

你可以试试看，用任意一个三位数字乘 91，得到的结果再乘 11，最终得到的结果一定是原始三位数写两遍。例如：218×91×11＝218218

如果用任意一个二位数字乘 91，得到的结果再乘 11，最终得到的结果的后二位数字也一定与原始数字相同。例如：18×91×11＝18018，至于它背后的数学原理，你稍微琢磨一下就能想明白了，不再赘述。

但是请记住，我举的这个例子只是让你体会一下什么叫非对称加密，因为这个例子的算法太过于简单，所以知道了公钥是 11 的人，很容易猜出私钥是 91。但是比特币系统采用的算法比这个要复杂得多，这个算法确保了任何人虽然知道原文、密文、公钥，但是无法猜到私钥，也就是说，黑客也只能解密，但不会加密，也就无法修改密文。

这么牛的算法也有一个听上去很牛的名称，这就是声名远播的"椭圆曲线算法"，简称为 ECC 算法。它是在 1985 年由两位美国人尼尔·科博利兹（Neal Koblitz）和维克多·米勒（Victor Miller）分别独立提出的。在密码学中的广泛使用也就是最近十多年的时间，数学家真的很厉害。

有了这个算法，就能确保去中心化的记账系统中，每条交易记录的真实性。我们来演示一下比特币的去中心化记账系统如何利用 SHA 和 ECC 算法确保账本的完整性和真实性。（说明：以下是简化后的原理说明，真实过程还要复杂很多，但原理不变）

需要记账的原始交易信息:A 支付 5 元钱给 B（以下简称"原文"）

第一步：利用 SHA 将原文生成数字指纹：

f7bb29badf05d41e60b1036d749f134a901c7a97daef7a1fe4e1e14471bd4833

第二步：随机生成一个私钥，它的格式与指纹是完全一样的，例如：

18E14A7B6A307F426A94F8114701E7C8E774E7F9A47E2C2035DB29A206321725

第三步：利用 ECC 将第一步得到的数字指纹通过私钥加密，得到密文：

869ac57b83ccf75ca9da8895823562fffb611e3c297d9c2d4612aeeb32850078

第四步：根据私钥生成一个公钥：

600FFE422B4E00731A59557A5CCA46CC183944191006324A447B
DB2D98D4B408

第五步：将原文、密文和公钥广播到整个比特币网络中

------------------------ 信息发送步骤到此结束，以下是信息接收方步骤 --------------------

第六步：接收方利用 ECC 将密文通过公钥解密，得到：

指纹 1

第七步：利用 SHA 将原文生成数字指纹，得到：

指纹 2

第八步：比对指纹 1 是否等于指纹 2

第九步：如果相等，则确认该条信息是合法交易信息，添加到自己的账本中。如果不相等，则抛弃该信息。

------------------------ 全部结束 ---------------------------------------

在真实的比特币网络中，交易双方都是完全匿名的，交易者 A 或者 B 都是账号（有些文章中称"地址"，含义一样），账号背后的主人信息是没有任何记录的，可以是一条狗也可以是一个人工智能，而账号则是根据"公钥"通过一定的算法生成的。

一个公钥可以生成几乎无数个不同的对应地址（接近 2161 个）。公钥是由私钥生成的，所以，私钥是最终的源头，也就是说，谁掌握了私钥，谁就是由此派生出来的所有账号的主人。

在比特币网络中，"私钥"是动用账号中比特币的唯一凭证，如

果你的"私钥"被盗了，你就永远失去了它，打官司也要不回来，因为没有任何方式可以证明他的"私钥"是从你这里偷走的。

比特币原理深入——区块链技术

到此为止，我们去中心化账本的理想只实现了一半，并没完全实现，为什么呢？因为还有两个重大的问题没有解决：

第一个问题：账本同步问题。比特币网络中有那么多台电脑，一条交易信息发送出来的时候，当然不可能所有的电脑都开机，必然有一些处于离线状态，开了电脑也未必开着比特币客户端，所以总有一些电脑无法立刻收到这条信息。这样就会导致不同电脑上的记录不同步，到底以谁的电脑记录为准呢？

第二个问题：如何防止同一个比特币被重复使用呢？假如有一个黑客，他只有 1 个比特币，但是他却同时把这个比特币付给 A 和 B （虽然理论上无法真正的同时，但可以做到间隔时间极短），于是他就会在网络上广播两条信息，一条是支付给 A 的信息，一条是支付给 B 的信息，因为网速的关系，必然有的电脑先收到了信息 1，有的电脑先收到了信息 2，这就产生了矛盾，如何确定哪一条信息是有效的呢？

为了解决上面这两个难题，"区块链"技术横空出世，"中本聪"的论文真正在全世界掀起大风大浪的不是我们上一章介绍的比特币的基本工作原理，数字指纹和非对称加密都是成熟的技术。真正让"中本聪"一战成名的是"区块链"技术。但请记住：比特币不是区块链，它只是区块链技术的一个具体应用。

到底什么是区块链？它怎样巧妙地解决了账本同步和信息不重复的问题呢？

"中本聪"的总体思路是这样的：比特币网络中的所有电脑都只认可唯一的一个账本，任何一台电脑在接入比特币网络时，首先要同步这个唯一的账本，任何一台电脑想要往这个账本上写入新的信息，必须要完成一套烦琐的"手续"，这套"手续"复杂到几乎不太可能被同时完成两次，即便真的发生了巧合，被同时完成了两次甚至多次，也有一个规则可以判定哪条信息是合法的，哪条信息该被抛弃。

让我一步步为你揭开区块链技术的面纱。

为什么要叫"区块链"？因为"中本聪"把这个账本设计成了由一个个"信息包"首尾相连而成的长链，每一个"信息包"被称为一个"区块"，这些区块每一个都有唯一的编号〔在比特币系统中，编号被称为高度（height）〕，这些编号就是自然数 1、2、3、4……一直往下排，不允许跳跃，也不允许中断和重复。

下面讲解区块的具体规则：

第一个区块当然是由区块链的发明人"中本聪"亲自创建的，那是北京时间 2009 年 1 月 4 日，在芬兰赫尔辛基的一台小型服务器上，第一个区块诞生了，这也被称作"创世区块"。在这个区块上，包含的主要信息是：

区块高度：1

The Times 03/Jan/2009，Chancellor on brink of second bailout for banks（译文：《泰晤士报》2009 年 1 月 3 日 财政大臣面临第二次为银行提供紧急救助的窘境）

"某账号"获得 50 比特币奖励。

中间那段话是"中本聪"刻在第一个区块上的纪念,从第2个区块开始,以后每一个区块都必须严格按照比特币系统的规则来创建。区块的规则是:

前一个区块的数字指纹 + 固定信息 + 收到的交易记录 + 一个随机数

区块链所有的奥妙就在尾巴上加的这个随机数上,因为它实在太奥妙,让我等凡夫俗子只能大呼过瘾,所以后面我就把它称为"奥数",以方便讲解。

"中本聪"规定:这个新区块的数字指纹(一个256位的二进制数)的前72位必须全部为0。

回忆一下我们前面介绍过的数字指纹的知识。因为SHA算出来的指纹是毫无规律可循的一个数字,所以,想要满足"中本聪"的这个变态规定,唯一的办法就只能凭运气凑"奥数",从0开始不断地去尝试,直到满足要求为止。这就是一个纯粹的概率问题。我们来算一下要满足这个要求的概率是多大。

因为二进制数,每一位只有两种可能性,0或者1,所以,凑出一个奥数的可能性是2的72次方分之一,也就是1 / 4722366482869645213696。这个数字已经大到看花眼了吧,它大约就是4.7万亿亿分之一。换句话说,就是平均要进行4.7万亿亿次SHA计算,才可能得到一个"奥数",你可见每一个"奥数"的金贵。

最巧妙的是,"奥数"并不是某一个方程的解,解出一个少一个,因为每一个区块的字符串都不同,所以,每一次寻找奥数都需要从0开始,任何一个数字都有可能成为新的奥数,完全没有规律可循。

一旦成功找到了一个奥数，就获得了一次记账权力，可以给账本上新增加一个区块。那么，为什么要花时间找奥数，去给账本记账呢？因为好处实在太大了。比特币系统规定，每成功增加一个区块，这台记账的电脑（实际上是某个账号）就能获得 6.25 个比特币的奖励（截止到 2021 年 10 月 21 日的奖金额），以及这个区块中所有交易的手续费，总额取决于交易频繁程度（平均约 2 个比特币）。这样一来，相当于每找到一个奥数，可以获得 8.25 个比特币奖励，按照 2021 年 10 月的比特币市场价，相当于 50 万美元。这么丰厚的奖励，自然就会吸引大量的人用电脑去抢夺记账权。

寻找奥数就是抢记账权，抢记账权也就是挖比特币。因此，寻找奥数也被形象地称为"挖矿"。挖矿的电脑就叫"矿机"，一个装满矿机的房间当然就可以叫"矿厂"了，矿厂的主人就是"矿主"，他们是比特币江湖中的弄潮儿。

但是，我需要给你解释一下挖矿的难度，让你打消去挖矿的冲动。个人电脑的运算速度大约是每秒可以进行 60 万次 SHA 计算，也就意味着，一台个人电脑需要花一千万年才有可能凑出一个奥数。当然，这是一种概率计算，我不能从理论上排除某人的人品超新星爆发，算了一次奥数就中了 4 万亿亿分之一概率的奖。但我还是想劝你不要相信自己是耶稣转世，你没有那个命。

我给你看看人家专业的矿厂是怎样的：

这只是一个中等规模的矿厂，大规模的矿厂据说有几万甚至几十万台矿机同时运行。我在《看看新闻》2017 年 6 月 17 日的一个新闻中看到，记者采访了一个位于中国四川的矿厂，根据报道，这个矿厂有 5000 多台矿机的规模，平均每天耗电超过 20 万度。当地的电价是 0.3 元每度，一天光是电费就 6 万多元，平均每天可以挖出大约 50

个比特币，一年左右回本，之后能做到 20％ 左右的利润。不过我觉得这个报道中的数据前后矛盾，我查了一下，比特币当时的市场价是大约 2500 美元 / 个，美元兑人民币的汇率大约是 6.8，所以，每天的收入大约是 85 万人民币，一年的收入大约 3.1 亿元，一台矿机的成本均价是 1 万~2 万元，矿厂的矿机总成本是 0.5 亿~1 亿元，再算上电费等，一年起码 2 亿元的利润。我想，在充分市场竞争下，出现这种暴利的可能性很低。所以，不是记者搞错了，就是被采访对象在吹牛不打草稿。由于比特币的价格和全网算力的波动很大，所以投资比特币矿厂很难做长期预测，不确定性因素太多。

根据我们前面掌握的比特币知识，50 个比特币，相当于找到了 4 个"奥数"，抢到了 4 次记账权。目前，整个比特币网络的所有矿机加起来的总算力能达到的水平，大约平均每 10 分钟可以找到一个"奥数"，也就意味着平均每 10 分钟生成一个新的区块。当然，这个 10 分钟是一个平均数，快一点的话三四分钟生成一个区块，慢一点的话 15 分钟左右。

正因为"奥数"太难找，每个区块平均要 10 分钟才能生成一个，所以就能基本解决我在本章开头提出的第一个问题"如何同步账本"，只要有个三四分钟的时间，足以让所有在线的电脑同步到这个区块了，那些不在线的电脑或者第一次运行客户端的电脑，上线以后必须要先做一件事情，就是从相邻的节点上获取最新的账本。

请注意，我用了"基本解决"这个词，也就意味着，并没有完全解决账本同步的问题。这是因为总会有极小的概率两台矿机恰好同时（只要在网络上所有在线的节点没有完成区块链同步之前都可以算同时）找到"奥数"，也就意味着同时抢到了记账权。因为矿机实在太多了，这样的小概率事件时不时也会发生一次。同时抢到记账权的矿机都会将自己生成的新区块广播到比特币网络中。

遇到这种情况，比特币系统怎么处理呢？

在这种情况下，相当于网络上的其他节点收到了两个合法的新区块，因为网络节点的地域分布不同，所以，不同的节点收到这两个新区块的先后次序就会不同。此时，所有的节点会暂时保留两个新区块，并且把区块链做一个临时的分叉，如下图所示：

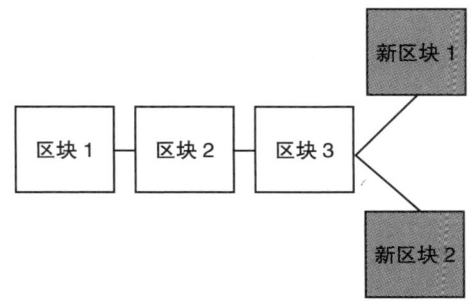

接下去，比特币网络中必然又会有其中一个节点（矿工）抢到了记账权，这时该节点就会将生成的最新区块接到其中的一个分支上，那到底是接到新区块 1 上还是新区块 2 上呢？系统的规则是：这个节点先收到哪个区块，就接到哪个区块上，同时放弃另一个区块，然后全网广播，如下图所示：

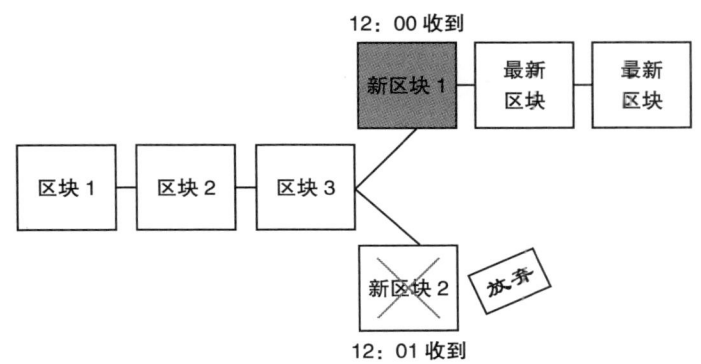

比特币网络上的所有节点在收到最新的区块链后，只要发现其中一个分支比另外一个分支多 2 个区块了，就立即也放弃那个短的分支，总之，比特币网络永远只承认更长的那条分支。你可能会想，那如果小概率事件再次发生，在区块链第一次分叉后，又同时产生了两个新区块，而恰好两个新区块产生在两个不同的分支上，这时候，其他节点收到的区块链还是两个一样长的分支，那怎么办？很好办。还是同样的规则，只要分支一样长就暂时保留，直到出现两个分支不一样长时，就放弃短于 2 个区块的，保留长的。那个被放弃的分支中所有交易和比特币奖励都会被判定为无效。

因为有了这个临时分叉的规则，所以，比特币玩家在完成一笔交易后，不能立即认为这笔交易是成功的，有可能会被取消，必须要等到一定数量的新区块生成后，如果交易依然没有被取消，这才能放心地认为交易成功了。那到底要等到多少个新区块产生才能放心呢？按照概率来说的话，小额交易有这么三个新区块产生就够了，但是大额交易的话，为了更保险，一般认为是等到 6 个新区块产生，就足以放心了。前面说过，每个区块产生的平均时间是 10 分钟，也就意味着，一笔大额交易需要 1 个小时左右才能确认交易成功。

但是小额交易确认的时间往往会更长，甚至长达好几天。听到这个你可能会有点儿糊涂，刚才不是还说小额交易一般只要三个新区块产生就够了吗？怎么确认时间反而会更长呢？比特币网络刚刚诞生的头几年，确实不会出现这样的怪事，但是这几年随着交易量的猛增，就出现这种怪事了。为什么？先回忆一下每个区块的规则：

前一个区块的数字指纹＋固定信息＋收到的交易记录 ＋奥数

你的交易记录要被写到区块链上，有一个前提：矿工将你的这笔交易记录打包到这个区块上。你可能想问：为什么会不打包？难道系统规则还允许不打包吗？打包成功了不是还要给矿工交税吗？矿工好不容易抢到一次记账权，怎么会有钱不赚呢？

是的，允许不打包。原因不是矿工不想赚钱，而是"不可抗力"，关键问题是每一个区块允许存储的数据量有限。"中本聪"当初设计比特币系统时，规定了每一个区块最大只能是1MB，一条交易记录大概是0.25KB，那么一个区块最多可以储存4000条交易记录，如果在一个新区块产生的时段中，发生的交易请求超过了4000条，那就肯定存不下了。我们可以算算，这个量大概是一个怎样的交易频率。每个区块的平均产生时间是10分钟，也就意味着，平均每秒钟的交易量如果超过7条，那么就一定会出现排队等待打包的交易记录了。这个交易频率实在很低，要知道支付宝1秒钟大约要处理上万笔交易。这1秒钟只能做7笔交易对于全球来说，实在是太不够用了。

一般来说，大额交易优先打包，小额交易中手续费越高的交易越优先打包，打包规则矿工有一定的自主权。比特币交易手续费的规则比较复杂，不同的矿工收得还不一样，不是三言两语能说清的。但有一点可能会让你感到诧异，越是大额的交易反而收费越低，甚至免费。交易额越小反而收费越高。这是因为，交易手续费除了鼓励矿工挖矿，还有一个非常重要的功能，就是防止有人恶意发布大量的小额交易造成信息拥堵。

现在，比特币交易滞留是非常普遍的现象，很多小额交易甚至等上好几天都确认不了，因此，很多人不惜附加很高的交易手续费来让矿工提前替他们打包。

好了，讲到这里，有关区块链的核心原理就讲完了，关键要记住，"中本聪"利用区块链技术，巧妙地解决了账本同步和信息不重复的问题，这就使得去中心化账本的理想最终得以实现。

学习知识，我认为最佳的方式就是带着问题学习，在学习过程中，先掌握知识的主干，如果还有兴趣，再去了解那些枝枝杈杈。以上三节，第一节是让你带上问题，第二、第三节就是比特币和区块链知识的主干，如果你消化完毕，可以继续阅读下一节，了解一些枝杈。

关于比特币的杂碎知识点

如何保证比特币的产出速度大致恒定？

比特币的产出速度本质上就是寻找奥数的速度，现在的奥数是要求前 72 位全部为零，如果把 72 改为 73，那么寻找奥数的难度就立即翻一倍，同理，如果从 72 减为 71，则难度减半。因此，系统只需要根据全网的平均算力来调节奥数的规则就可以很简单地做到控制产出速度。现在的规则是平均每产生 2016 个新区块后，根据产生这些新区块的平均算力调节一次难度。但是，我们也注意到，这种调节较为粗糙，只能翻倍或者减半。

为何比特币总量上限是 2100 万枚？

这个总量上限是人为规定的。"中本聪"设计的规则是这样的：每增加 21 万个区块后，比特币奖励就减半，奖励的初始值是 50 比特币，所以 2009 年 1 月 3 日"中本聪"自己创建的第一个创世区块就奖励给了自己 50 比特币。按照平均 10 分钟一个区块的产出速度，大约是每隔四年会减半一次。第一次减半发生在北京时间 2012 年 11 月 29 日 7 点 24 分，第 21 万个区块诞生，比特币奖励减少为 25 个。北京时间 2016 年 7 月 10 日 0 点 46 分，第 42 万个区块诞生，这次相隔时间大约是三年零七个月，比特币奖励再次减半，成为现在的 12.5 个。知道了这个规则，我们就很容易根据当前的区块高度计算出已经挖出的比特币总量，截止到 2018 年 2 月，比特币的总量约 1687 万枚。按照这样的半衰期，大约到了 2140 年，比特币的产量就趋于零，上限是 2100 万个，实际上不可能达到 2100 万。比特币允许交易的最小单位是 0.00000001 比特币（10^{-8}），这个最小值也被称为"一聪"，这是由脚本语言支持的最小数字精度决定的，因此，比特币的总量上限就是 2100 万亿聪。

"中本聪"为啥要人为规定一个总量上限呢？因为他的理想是创造一种不能滥发的货币，从理论上彻底阻断通货恶性膨胀。至于这种理想能不能因为规定了上限而实现，是一个经济学问题，我没有能力多谈。我只知道，在经济学中，通货膨胀和通货紧缩同样都是可怕的。

你可能马上又想到一个问题：如果不再奖励比特币了，谁还去挖矿呢？别忘了，还有交易手续费的奖励，比特币奖励虽然在不断减少，但是交易手续费的奖励是在不断增加的，还是会有人愿意挖矿。并且，挖矿的难度也是可以动态调整的，总是能调整到一个相对平衡的状态。

什么是比特币交易所？

比特币的核心理念就是"去中心化账本"，也就是说，每一个比特币网络中的节点都会保存唯一的一本账本，账本上记录了从比特币诞生第一天起的所有交易记录，这本账本采用区块链技术实现，这些是我们已经学习到的知识。很显然，这本账本的数据量会随着时间的增加，交易数量的增加而不断增大。下面这张图展示了账本（区块链）数据量大小的变化趋势（数据来源：bitcoin.com）：

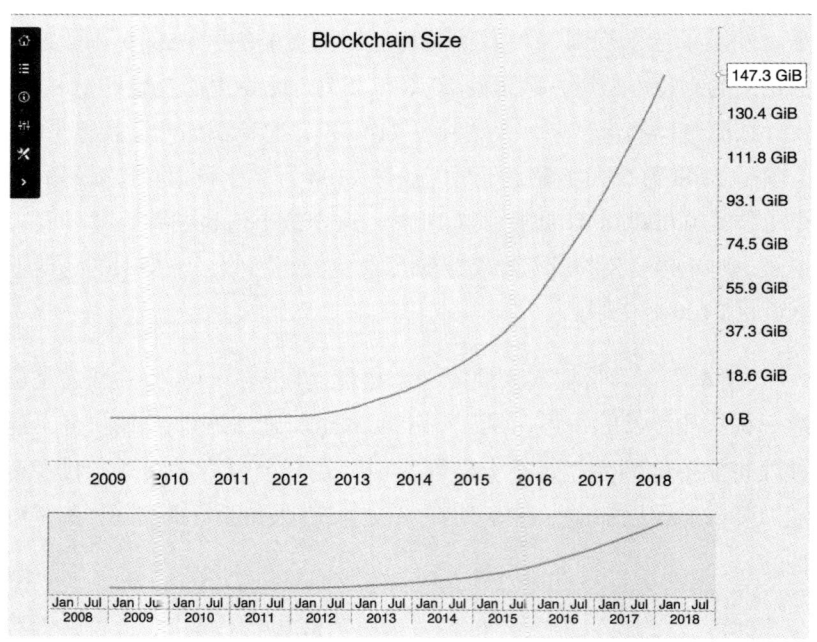

可以看到，截止到 2018 年 2 月，比特币区块的数据大小是 147.3 GB，很明显，增长的速度大约在 2016 年就已经达到了最大值，也就是我们之前说过的平均每个区块约 4000 条记录。这也就意味着，任何一台电脑，安装了比特币客户端（也叫比特币核心钱包）之后，必须下载一个超过 147.3 GB 的区块链文件。

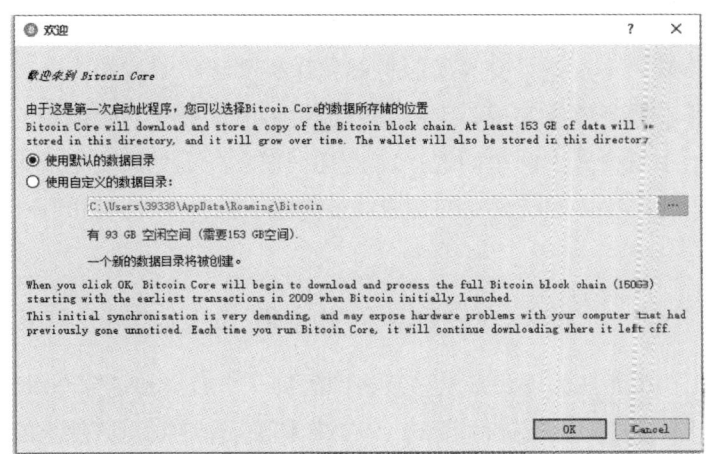

比特币客户端第一次运行界面

以现在的网速和电脑硬盘容量，对于大多数普通人来说，这显然是一件非常麻烦的事情。但是，能够在电脑上、手机上方便地查询、交易比特币，是广大比特币玩家的天然需求。其实最大的原因是大多数比特币玩家都是小白用户，他们并不清楚比特币的游戏规则，只是相信投资这个东西有可能发财。他们仍然把比特币当作一种股票性质的金融产品，所以很自然地就会去寻找某个交易所开户、存钱、买卖比特币。

有了需求，自然就会有人想出解决方案。而这个解决方案就是比特币交易所。其实质就是一个比特币银行，替你保管比特币。比特币交易所的接入方式多种多样，可以是网页版，也可以是电脑客户端程序，也可以是手机APP。各种各样的比特币交易所非常多，使用流程也非常傻瓜化，基本上就是引导你一步一步地把钱交了。目前我国法律不允许开设比特币交易所，因此，郑重提醒所有读者，凡是在境内开设的比特币交易所都是非法的。

比特币交易所的原理就跟我们手机上的网银软件差不多，我们的客户端只不过是给交易所服务器发送买卖比特币的指令，真实的交易都在服务器上完成，你的比特币实际上是被交易所控制的。你可能马上就会冒出两个问题：1. 这样一来，岂不是又变相成为中心化了，与比特币系统创立的初衷背道而驰了吗？ 2. 比特币存在交易所中安全吗？

回答第一个问题：部分丢掉了"中本聪"创立比特币的初衷。

比特币系统的理想是希望系统中的每一个节点都是完全对等的，彻底地去中心化，把银行消灭，从"中本聪"刻在创世区块上的那句话我们也可以嗅到这种理想。但是，比特币交易所的大量涌现，相当于又出现了比特币银行。不过，比特币网络本身还是可以认为是去中心化的，因为真实的节点依然遍布全球，数量足够多，也没有哪一个比特币银行可以突破比特币发行的底层规则，另外，有实力谁都可以开比特币银行，并没有政策壁垒。

回答第二个问题：存在风险。

如果你把比特币存在交易所，你看到的只是交易所给你的一个余额，实际上你已经不拥有自己的比特币了。因此，交易所一旦被黑客入侵，你的比特币有可能被洗劫一空。这样的事情已经发生过太多次了，以下数据来自维基百科，历数了其中较为著名的事件：

1. 2011 年 6 月 19 日，全世界最大的比特币交易所"门头沟（Mt. Gox）"的安全漏洞导致 1 比特币价格一度跌至 1 美分。原因是一个黑客从某用户的电脑上盗取了他的门头沟账户，从而把比特币转到自己的账号上并抛售。几分钟后，门头沟关闭并取消黑客事件中的不正常交易，使比特币价格反弹回到了 15 美元。

2. 2011 年 7 月，世界第三大比特币交易中心 Bitomat 的运营商宣布：记录着 17000 比特币（约合 22 万美元）的数据文件的访问权限丢失。

3. 2011 年 8 月，作为常用比特币交易的处理中心之一的 My Bitcoin 宣布遭到黑客攻击，并导致关机。涉及客户存款的 49%，超过 78000 比特币（当时约相当于 80 万美元）下落不明。

4. 2012 年，Bitcoinica 两度遭到黑客攻击，被指控忽略客户资金的安全性以及伪造提款申请。2012 年 8 月上旬，Bitcoinica 在旧金山法院被起诉要求赔偿约 46 万美元。

5. 2012 年 9 月，Bitfloor 交易中心也被黑客入侵，24000 比特币（约相当于 25 万美元）被盗。Bitfloor 因此暂停运营。

6. 2013 年 11 月，网络钱包服务商 inputs.io 被两个黑客入侵，盗走 4100 比特币。

7. 2014 年 2 月 25 日，总部设在日本东京的门头沟因为网站安全漏洞，关闭了自己的网站并停止了交易。

8. 2016 年 8 月 8 日，比特币交易所 Bitfinex 被盗走 119756 个比特币，当时价格达 7500 万美元，损失由所有用户扣除 36.067% 的余额分担。

"中本聪"到底是谁？

这依然是一个谜。

如果你现在（2018 年 2 月）在中文搜索引擎里搜索"中本聪"，会看到一位日本人，并且他的介绍会让你以为照片就是比特币的发明者中本聪。但实际上，那是中本多利安（Dorian Nakamoto）。如果你进一步搜索，就可以马上得知，他是被误认的，当然如果中本聪是演技派，也可能他就是真的比特币发明者。你看到的众多中本聪的头像都是以他为原型创作的。而他和 Satoshi 的关系是他出生在日本一个叫作 Satoshi 的城市。在他 23 岁从加州理工大学毕业时，他把自己的名字改为了 Dorian Prentice Satoshi Nakamoto，最后两个词连起来正好是"中本聪"，而他的签名从那时起一直是 Dorian S. Nakamoto。

事情的起因是 2014 年，《新闻周刊》的记者戈德曼宣称她经过两个月的调查，终于找到了现实版的中本聪。她宣称，中本聪是一位日裔美国人，曾为美国空军工作，是一位物理学家。而她借助了美国移民局的一些档案，间接找到了他的私人邮箱，最终找到了他的住处。于是当记者上门一探究竟后，中本多利安，这位低调的老年人手足无措，他表示自己从来没有听说过比特币。记者们对他进行了围追堵截，逼得他提起了骚扰诉讼。

多利安被误认后，开始是各种不适，接着是旷日持久的官司。他的儿子告诉他，有一位记者正在调查他的背景。多利安这么描述："他们联系上了我的妻子，问她一些私人的事情，后来他们接近我的孩子，我不喜欢这样。为什么要扯上我的孩子呢？我不是一个公众人物，更不是超级明星。我信仰言论自由，但我认为，媒体不能干涉我的私生活，挖掘我的隐私，包括我的病史，我最近正在对抗癌症。《新闻周刊》的虚假报道给我和我 93 岁的母亲以及家人带来了巨大的压力，我们的生活一团糟。"

然而峰回路转，慢慢地，多利安开始利用自己的名气，成为比特币的代言人。他噘嘴表示否定的大写着"不"的表情被广为传播，出现在了很多表情包和 T 恤上。

而正版的中本聪 2014 年在他 P2P 基金会的账户尘封 5 年后，发布了第一条消息，言简意赅："我不是中本多利安。（I am not Dorian Nakamoto.）"

不过这条信息并没有阻止多利安的走红。在 2017 年 12 月初在哥伦比亚首都波哥大举行的比特币大会上，这是一个比特币名人和区块链初创公司的聚会，多利安看上去很放松，似乎乐于假扮中本聪，还和组织者们一起出席了新闻发布会。多利安还把他获得的网友募集的 67 比特币的骚扰赔偿金兑现了，价值 273000 美元。

当然也有人不死心，固执地坚持多利安就是中本聪，因为比特币历史上的第一笔转账就是由中本聪打给哈尔·芬尼（Hal Finney）的。这位芬尼是密码学的大神级人物，他和多利安竟然巧合地都住在美国一个叫作"坦普尔"（Temple）的镇上，这个镇总共只有 36000 人，两人只相隔几个街区。也有人怀疑芬尼就是中本聪，但芬尼予以了坚决否认。可叹的是，芬尼因为渐冻人症已于 2014 年离开人世。再对照中本聪 2014 年否认自己是多利安的信息，以及渐冻人无法打字的客观事实，可以基本认定，芬尼确实不是中本聪。

有宣称被误认的，也有被认出后站出来主动认领的。这就是澳大利亚计算机科学家克雷格·史蒂芬·莱特（Craig Stephen Wright）。他于 2016 年 5 月发表了一篇博文声称自己就是中本聪，并展示了一系列证据，但这些证据都遭到了质疑。

实际上，要想拿出只有中本聪本人才可能拥有的证据，其实很容易，只要证明自己是第一个比特币账号的拥有者就可以了。

于是，BBC 的记者给这个账号转进去 0.017 比特币，并要求莱特当场演示把这些比特币再转回来，但是，这些比特币从此再也没有被转回来。没过多久，莱特又发表博文称放弃证明自己就是中本聪。

那究竟中本聪留给我们确切的信息有哪些呢？2008 年 10 月，发布比特币概念的论文。2009 年 1 月 3 日，提到了《泰晤士报》的标题：财政部长面临第二次为银行提供救助的窘境。2009 年 1 月 9 日，发布第一款比特币软件。他自己宣称，软件的代码写作从 2007 年就开始了。软件发布后，中本聪创建了 bitcoin.org 网站，与其他开发者一起开发软件，直到 2011 年中期。那时，他把源代码交给了加文·安德森，把其他一些关键网站交给了其他核心成员，自此退出了比特币这个项目。据估计，中本聪拥有 100 万比特币，身价高达百亿美元。

也有一些分析给出了中本聪的基本画像。他擅长开发 C++，应该是一名中年男性。他在网上活跃的时间符合一个美国上班族的作息规律，应该是美国人。他熟悉 Unix 技术栈上的软件工程，不排斥 Windows，有一定的汇编和底层优化能力，但是不熟悉网络技术，也没考虑过 CPU 挖坑对算力分布的影响，对密码学的理解也是重应用而轻理论，这些特征都符合一个 20 世纪 90 年代入职的老一辈程序员的认知水平。中本聪第一次在邮件列表中发布白皮书之后，回信索要客户端源代码的只有两个人，其中一个就是芬尼，说明他可能现实中认识芬尼。

比特币系统遭到 51% 攻击是怎么回事？

请回忆一下我前面讲到的区块链临时分叉的知识，在很偶然的情况下，比特币网络中会同时产生两个（甚至多个）区块，这就会导致区块链出现临时分叉，当两个临时分支的长度出现了一长一短后，短的那个（少于 2 个区块）分支就会被放弃，短分支上的所有区块被判定无效，这些区块中的所有交易记录当然也就被判定为无效了。这是一个很巧妙的设计，但同时也成为比特币系统中唯一的公开漏洞，有可能被大矿主利用来行骗，但也仅仅是理论上的可能性，不过作为小说的反转素材来写倒是很合适。下面具体来讲解一下如何利用这个漏洞。

现在，假设我是一个掌握了全网 51％ 算力（其本质是我的算力超过了全网其他算力的总和）的大矿主，当然，诈骗要成功，必须隐瞒这个身份，装作是一个普通的比特币持有人。下面的内容你可以当小说大纲来看：

我与黑帮在一个荒郊野外进行交易，事先谈好的价格是 100 比特币买一批白粉，当面交易，一手交钱一手交货。现在的黑市交易上，比特币是最受欢迎的支付货币，因为它天生就不存在洗钱的麻烦，又有完美的匿名性。

我和毒枭一起拿出手机，我在手机上从自己的账号转账 100 比特币给毒枭的账号，毒枭也密切关注着比特币网络上的交易记录。毒枭查到，最新的第 N 个区块生成了，里面包含了转账给自己 100 比特币的交易记录。毒枭当然也不是小白，他知道最好能再多等几个新区块生成，才交货走人比较保险。这种时候，总是感觉时间走得太慢，又等了 10 多分钟，一共 3 个新区块生成了。突然远处传来警笛声！不好，可能有麻烦。我立即表现出惊慌失措，取了货就想跑路。毒枭当然也慌，他想想 3 个新区块已生成，这笔交易差不多也够保险了，还是赶紧撤了吧。于是，我和毒枭达成默契，各自分头跑路。

当然，这就是我的计谋，警笛声是我的同伙制造的。

就在第 N 个区块生成的同一时刻，远在四川的深山中，我的同伙已经把矿厂的功率开到了最大，全速运行，我们在与时间赛跑。我们抢到了一个记账权，在交易记录中，我们把刚才那 100 比特币的转账记录删除，再打包。然后，关键操作来了。如果按照"中本聪"定下的规矩，我必须老老实实地把我生成的新区块接到第 N 个区块上。但是，比特币的客户端软件是开源的，我可以修改自己的客户端程序，我偏把新区块接到第 N-1 个区块上。我也不急着把这条新分支广播到比特币网络中，而是继续开足算力，每次新做的区块我都接到我自己伪造的那条分支上。因为我的算力是 51%，超过了全网其他算力的总和，所以，无论如何，我这条分支的生长速度从长远来看，一定超过比特币网络中的主链。一旦我的这条链比主链多了 2 个区块，我的同伙立即拉响警笛，我心领神会，马上跑路。说时迟那时快，我的同伙也敲下了回车键，伪造的支链被广播到了比特币网络中，其他节点老老实实地按照"中本聪"定下的规则，只承认最长的区块链，于是，我的那条链就成为主链，原先的那条链被放弃。

当毒枭气喘吁吁地认为跑到了安全地带，打开手机一看，自己账户中的那 100 比特币已经消失了。与此同时，我也得意地看着手机中那回来的 100 比特币。大功告成。

所有比特币网络中第 N 个区块之后的交易都失效了，无数人看到自己的比特币要么消失要么再现，整个币圈发生了大震荡，史上第一次 51% 攻击惊现比特币网络，从此人心惶惶，比特币价格大跳水，币友们的信心跌入冰点。

其实，以上描写是带着演绎成分的，什么警笛之类的，那是为了戏剧效果。实际上，真正掌握了 51% 算力的大矿主完全可以利用人们普遍认为的 6 个新区块之后交易就安全的心理，就是让毒枭耐心地等到 6 个新区块生成，放心地走掉后，再从容地让同伙把伪造的支链广播到比特币网络中。因为我掌握的算力超过了一半，所以我总是能保持支链比主链长，什么时候抛出我的支链都可以。（但最长时间不能超过 2 小时，因为系统有一条规则：超过 2 小时的区块不被接受。）

以上仅仅是 51% 攻击的一个例子，实际上还可以设计出很多种不同的诈骗方式，网上有很多讨论，各种奇思妙想。但我们回到这个漏洞的本质，不难发现，因为抢夺记账权是一种概率。所以，即便是掌握了全网 49% 的算力，也是有可能攻击成功的，算力越低，成功的可能性就越低。只是说，理论上只要大于 50% 就可以保证攻击成功。

不过，这仅仅是理论上的可能性，实际操作可谓难于上青天。因为，如果是一位新矿主想要横空出世、一鸣惊人，按照 2018 年 2 月比特币网络的全网算力（约 8000 PH/s），以及平均每 1PH/s 约人民币 900 万元的矿机公开报价来算的话，想要掌握全网超过 50% 的算力，光是买矿机的投资就是 720 亿元，还不包括电费等其他成本。况且，如果是为了比特币，掌握了这么大的算力，直接挖矿好了，何必去诈骗。我实在想不出一个合理的动机，可以让某团体以这种代价来发动攻击。如果是几大老矿厂联合起来呢，看上去是有可能的，因为目前全网超过 70% 的算力都在中国，前四大矿厂加起来的算力就可以超过 50%，大家都是中国人，联合起来玩一票大的。事实上，几乎不可能。因为，发动 51% 攻击时，攻击者需要偷偷地打造私有链条，所以算力就会从比特币网络中突然消失，这么异常的情况肯定会立即引起整个比特币网络的警觉，全球的大矿主们必然马上采取行动，寻找原因。毕竟规则最终还是人定的，比特币网络的规则也不例外。

比特币系统的核心程序代码现在是谁在维护？

最早的程序当然是由中本聪写的，后来交给了"比特币基金会"来维护，这个基金会的创始人叫加文·安德森（Gavin Anderson），他除了会写代码，也擅长营销。他于 2010 年推出了一个名叫"比特币龙头（Bitcoin Faucet）"的网站，向每个访问者发放 5 个免费的比特币。他也参与了代码的调整，并会把结果发送给中本聪，慢慢得到了中本聪的赏识。一组五人的核心开发团队渐渐浮出水面，安德森是其中最资深的人物。只有他们有权力改变比特币后面的核心代码。

虽然安德森后来成为了中本聪钦点的接班人，但两人的交往却并非一帆风顺。起源就是安德森对媒体的不断爆料。安德森说，他曾在 2010 年 6 月至 2011 年 4 月与中本聪密切合作过。他是这么描述的："每个看过他代码的人都可能得到这个结论：中本聪是一个人在工作。从头算来，我们大概重写了 70% 的代码。它就像一个大的毛团，在初始层面看来非常紧凑、写法上乘，可是组合在一起却显得凌乱不堪。"在这将近一年的时间里，安德森与中本聪频繁通信，每周要花40 个小时来修改比特币代码。但即使如此，安德森也从未听过中本聪的声音。好奇的安德森会询问中本聪一些私人问题，但中本聪只和他谈论代码。2011 年，安德森和中本聪的交流变得不再频繁，他们之间产生了分歧。在一封中本聪于 4 月 26 日发给安德森的邮件中，这位"比特币之父"说："我希望你不要再谈论我，说得我好像是个暗处的神秘人。媒体只会从'山寨货币'的角度看待比特币。"他劝安德森不要在公众面前讨论比特币，而应该给予开发人员更多信任。安德森回复道，他同样不满于外界对比特币的误解，但他将受邀参加一个演讲，希望通过面对面的交流，倾听外界的意见，来更好地完善它。自那以后，中本聪停止回复邮件，他的身影从比特币的世界中慢慢消失。但他把比特币客户端的源代码交给了安德森，安德森接过接力棒，成为中本聪之后的代码"当家人"。

2012 年，安德森创立了"比特币基金会"，专注于比特币的发展，之后一段时间，比特币客户端核心代码的维护都是由这个基金会完成的。2014 年，安德森从原来的工作离职，专注于基金会内部的工作。不过，从 2016 年 2 月起，安德森就没有再参与过代码的开发了。在比特币的官网上，可以按照代码贡献量排名，查到每一位开发者的名字：https://bitcoin.org/en/development。事实上，这是一个开源项目，任何人都可以参与开发，前提是你遵守他们制订的一套游戏规则，规则很复杂，我没耐心仔细看了。

但是我想借着这个话题说一个很有趣的观点：从本质上来说，比特币系统并没有所谓的核心程序代码，哪怕是比特币基金会，也可以被比特币玩家炒了鱿鱼。

原因就在于"去中心化"这四个字，所有的比特币系统的节点都是对等的，账本是否合法，关键看是不是每个节点都承认。我们试想一下，假如所有的矿主都拒绝升级比特币基金会发布的最新版本，那么这个升级就是个 Nothing，在比特币这个游戏中，矿主是负责记账的，他们有多重要，看到这里的读者一定是相当理解了。正因为这样，比特币基金会每次升级之前，必须要先公布自己的所有改动，在官网的论坛上征求意见，如果大多数矿主都表示认可，愿意升级，那么少数玩家也不得不跟着接受，因为不接受的话，意味着自己可能挖不了矿了。所以，比特币基金会不能随心所欲地修改程序，如果明显不合理的改动一旦遭到抵制，他们的信誉就破产了。换句话说，比特币基金会有点儿像全体业主聘用的物业公司，如果业主不满意了，完全可以集体决定重新聘用一个，由新的物业公司来维护程序代码。当然，所有业主要达成共识也并不是一件容易的事情。在这个比喻中，比特币的矿主们就相当于是业主。

在现实生活中，业主的利益与物业公司的利益发生冲突是常见的事情，在比特币这个游戏中，同样也会发生。下一个问题就是一个生动的例子，它是比特币江湖中除了创世区块的诞生外，到目前为止最大的事件。

什么是比特币系统的硬分叉？

回忆一下，我们在讲区块链技术时，提到过比特币系统的区块链偶尔会出现分叉，那是因为偶尔同时产生了两个区块，系统暂时承认两条分支都合法，直到被规则消灭其中的一支。有时候，因为一些别的技术原因，比如比特币客户端升级后，代码出现了 bug，或者因为所有的节点升级的时间先后不一致，也会导致出现临时的分叉，但这些分叉最终总会被消灭或者合并，区块链技术的核心规则就是要保证账本的唯一性。像这样的临时分叉，也被叫作软分叉。

然而，事事没有绝对，从比特币系统诞生的那一刻起，就已经埋下了一颗定时炸弹，这颗炸弹终于在 2017 年 8 月 1 日被引爆，导致比特币区块链产生了一条永久性分支，这就是所谓的硬分叉，这到底是怎么一回事呢？

我们先从这颗定时炸弹说起，前面讲过，中本聪设计比特币系统时，规定了每一个区块最大只能是 1 MB，一条交易记录大概是 0.25 KB，那么一个区块最多可以储存 4000 条交易记录，如果在一个新区块产生的时段中，发生的交易请求超过了 4000 条，那就肯定存不下了。换句话说，区块的容量太小，迟早有一天不够用，这就是一颗定时炸弹。

这颗炸弹在 2015 年 9 月 10 日有一次生动的展示。这天，一家名为"比特币钱包（CoinWallet）"的交易所做了一个"邪恶的"实验，他们把 200 个比特币分成了 2000 万份，然后宣布任何人都可以免费请求，每一个请求只能是一份，先到先得，交易所自动转账。根据测算，如果 2000 万份都被发出去，将产生 3600 MB 的数据，也就是需要 3600 个新区块才能消化这些交易记录，不出意外，果然引发了一场交易洪流。第二天还有 19 万个未确认的交易，4 天后，这一数字仍是 145000 个。

比特币的资深玩家们当然很清楚这颗定时炸弹，所以，从 2015 年开始，就有各种各样不同的解决方案被提出来，这些方案的核心都是扩容，就是把每个区块 1 MB 的上限增加。例如，安德森就提出一个方案，把区块容量的上限增加到 8 M，但是，扩容的提议也遭到了强烈地反对。可能你会感到奇怪，为什么要反对呢？扩大容量，增加交易请求的处理能力有什么不好呢？

一些比特币的"原教旨主义者"认为（主要是除安德森以外的其他核心程序员），扩容将导致整个账本的大小迅速增大到普通人的电脑完全无法承受。按照现在 1 M 的区块容量，账本数据每年大约增加 50 G，普通人的电脑基本还能承受，也正是因为现在的交易要排队，才遏止了大量小额交易以及冲动型交易的数量，一旦放开，交易请求一发不可收拾。假如一个比特币节点需要几千 G 的数据存储量，也就意味着比特币节点只有专业的矿工才能拥有了，那么，去中心化的核心理念也就宣告破产了。这就彻底违背了比特币系统设计的初衷。因此，站在这个立场上的都是比特币的"原教旨主义者"，他们誓死捍卫去中心化的理想，坚决不同意扩容。这批原教旨主义者就包括比特币基金会中几位核心程序员，他们中的两位还因此被安德森剥夺了代码合并权。

矿主们的想法与比特币原教旨主义者的想法就不同了。他们认为比特币的价值在于使用，越多人可以越方便地交易，比特币才能越来越具备货币属性，像现在这样确认一笔交易动不动要超过 1 天，会极大地限制人们使用比特币的动力。因此，坚决要求扩容。甚至威胁那些原教旨主义程序员，如果你们不答应，我们就联合起来炒掉你们，另起炉灶。

这场吵架在比特币官方论坛上可谓是旷日持久，异常激烈。2016年2月，各方意见的代表在香港召开了一个会议，最终达成了各退一步的"香港共识"，主要是两点：1. 采用一种叫"隔离验证"的机制，把比特币大额交易和小额交易分开来打包，相当于建一条高速公路，让最急迫的交易上高速；2. 区块大小扩大到 2 M，仍由比特币基金会的核心程序员主导开发。可是没想到，参会的几个开发者在共识上签完字回去之后，团队里的其他成员却不认同这个共识，不愿意开发，于是"香港共识"后来连代码都没写就流产了。

经过了"香港共识"事件，矿主对核心程序员们失去了信任，于是，2017 年 5 月，这些矿主们在纽约重新召开了一个大会，这次他们决定：炒掉那些不听话的程序员。"纽约共识"的计划是分两步走：第一步，2017 年 8 月 1 日，先把比特币区块链实施硬分叉，一条链上继续挖比特币，另一条链上挖出的币叫"比特币现金（Bitcoin Cash）"，最早简称 BCC，现在的官方简称为 BCH。分叉之前的所有比特币持有者自动持有等量的 BCH，也就是说，所有比特币持有者在分叉的那一刹那，突然发现自己账户上就自动一个币变两个币了。第二步，2017 年 11 月，把区块大小扩容到 2 M。

"纽约共识"达成后，在整个币圈那也是掀起了轩然大波，所有的比特币玩家都在热议这次分叉会对未来造成的影响，有悲观的，有乐观的，毫无疑问，这是比特币自诞生以来的最大事件。

2017 年 8 月 1 日终于来到，世界协调时间 0 点 31 分 20 秒，世界上第一枚 BCH 终于诞生，从此以后，比特币区块链一分为二。乐观派赢得了胜利，无论是 BTC 还是 BCH 的价格都没有出现跳水。BCH 的价格 8 月 1 日当天是 287 美金 / 枚，到了 8 月 3 日上涨到 473 美金 / 枚，此后就开始震荡上涨，最高的时候摸高到 4070 美金 / 枚（2017 年 12

月 21 日），截止到 2018 年 2 月的价格是 1514 美金 / 枚。所有比特币持有者等于天上掉馅饼，凭空多出了一笔财富。

转眼间 3 个月过去了，到了 2017 年 11 月，到了"纽约共识"约定扩容的时间了，哪知突然出现了反转剧情，有一些大矿主开始反悔，不同意 2 M 的扩容方案，币圈这潭水很深，各大矿主到底是怎么想的，说实话网上各种消息满天飞，笔者也是看得一头雾水。总之，截止到 2018 年 2 月，BCH 分支依然没有扩容。

比特币江湖那真是瞬息万变，好不热闹，各位看官读完本文，再看币圈的各种新闻，会得到很大的乐趣。

比特币江湖的一些宏观数据

根据《科学美国人》的统计，71 % 的比特币是在中国挖出的，排名第二的是印度，仅占 4 %。[1]

根据区块链业者 Chainalysis 的估算，在 2017 年底时，约有 17 % ~ 23 %（278 万 ~ 379 万个）的比特币因为私钥丢失、密码遗忘等原因，而永远无法使用与进入流通，它们将永远成为僵尸比特币。[2]

截止到 2018 年 2 月 19 日，拥有最多比特币的地址是 16rCmCmbuWDhPjWTrpQGaU3EPdZF7MTdUk，拥有 223705 个比特币，时价约 24.6 亿美元，拥有 10 个比特币以上的地址仅占 0.54 %，但却占有当时流通总量的 86.8 %，前 100 大地址拥有 3026533 个比特币，占比 18 %。[3]

1　《Scientific American》2018 年 2 月刊

2　https://zh.wikipedia.org/wiki/ 比特币

3　https://bitinfocharts.com/top-100-richest-bitcoin-addresses.html

下图是比特币自诞生以来至 2018 年 2 月 21 日的价格走势图：[4]

比特币 /Bitcoin 价格走势 US Dollar（BTC/USD）
比特币今天的价值为 $11, 343.8316. 它有 16.9 百万的货币供应和 $4, 800, 856, 637 的总交换量

第一个承认比特币合法地位的国家是：德国。明确定义比特币为货币的是：澳大利亚，瑞典。明确认定为合法支付手段的是：法国，日本。明确对比特币相关经济行为收税的是：英国，德国，法国，芬兰，挪威，俄罗斯，新加坡，以色列。[5]

2013 年 11 月，全世界首台比特币 ATM 柜员机在加拿大的温哥华诞生，它可以让客户在比特币和加元现金之间自由兑换，还能取现。[6] 根据 BTC Coin ATM Radar 网站提供的数据，截止到 2018 年 2 月，全球比特币 ATM 柜员机的数量是 2369 台。[7]

截止到 2018 年 2 月 21 日，全球接受比特币结账的商家一共是

4 https://www.coingecko.com/zh/ 价格图 / 比特币 /usd

5 http://www.5bite.com/post/1735.html

6 https://en.wikipedia.org/wiki/Bitcoin_ATM

7 https://coinatmradar.com/

11888 家，主要分布在北美和欧洲。[8]

根据舆观（YouGov）2017 年的一项调查，62 % 的美国人要么认为加密数字货币用于非法采购，要么根本不知道它们的用途；汇丰银行 2017 年的一项投票显示，全球 59 % 的消费者表示他们从来没有听说过区块链技术；在听说过区块链技术的人中，80 % 仍然不明白区块链是什么；根据德勤（Deloitte）2017 年的一项调查，39 % 的美国大型企业高管表示他们对区块链技术知之甚少。[9]

区块链技术的应用和未来

比特币的未来前景不是笔者想要讨论的。我在前文中一再强调，比特币只不过是区块链"去中心化理念"的一个具体应用，并且有一些先天的残疾，只能说是一个优秀的应用，还谈不上是成功的应用。最终能否成功，实在不好说。从宏观上来看，目前也仅具备投资品属性，而不具备货币属性。

但区块链的未来无疑是光明的，这是下一场互联网理念的革新。区块链技术还可以应用到哪些我们日常生活的场景呢？让我从一个具体的例子给你讲起：

比如说，我在电脑里写了一篇文章，有没有什么办法让这篇文章无法被任何力量篡改呢？这里说的任何力量，就是包括行政力量、国家力量甚至国际力量在内的所有力量。这些外部力量顶多彻底销毁我的文稿，但就是不能篡改。你能想到办法吗？

正确的答案是，在区块链技术诞生之前，是没有办法做到这件事情的。如果你尚未理解这件事情的真正含义，请看下面的分析。

8　https://coinmap.org/#/world/16.46769475/14.06250000/3/

9　《环球科学》2018 年 2 月刊

首先，我电脑里的文章有可能被篡改吗？当然有可能。让黑客侵入我的电脑，修改文章中的文字，甚至把我的电脑抢走，直接修改后再送回来，都是可以的。

　　为了让文章更安全，我把文章发表在了网络上，比如微信公号或者微博等。但这么做仍然不够安全。因为只要势力够大，就可以干预自媒体平台的运营，直接修改我发布在网络上的文章。而我本人则无法证明我的文章被别人篡改过。

　　有人可能想，那你可以在写完之后去做一个公证嘛。这还是不行，因为我最初的设定就是"任何力量也无法篡改"，公证处在国家级别的力量面前，还是可以被操纵的。公证处可以声明之前的公证过程无效而收回公证书。而我对此则无能为力。

　　那么，发表到杂志上怎么样呢？即便是国家，也没办法把卖掉的杂志全都收回来重新印刷吧。但是，这个办法还是不行。只要让杂志社发表一个勘误声明，重新刊登一篇被篡改过的稿件，我就又无能为力了。

　　这个问题中的关键点在于，我必须有办法在文章被篡改后自证清白。如果我拿不出确定无疑的证据，来证明文章的原稿是怎样的，我就无法真正避免文章被篡改。

　　但是，在区块链技术诞生后的今天，我就可以很轻易地解决这个难题：

　　第一步：我把这篇文章抄写在纸上，然后拿着它，找人帮忙拍一张文章和我同框的清晰照片。

　　第二步：我用电脑上的一个小工具生成这张照片的哈希值。所谓的哈希值就是一串通常为 32 个字节的字符串，它也常常被称为文件的电子指纹。任何不同的文件对应的电子指纹都是唯一的。

第三步：这是最为关键的一步，我去做一次比特币的交易，交易的金额无所谓。在比特币交易过程中，允许在交易信息中写入一串最多 80 个字节的自定义信息。我可以这么写：汪诘在 2021 年 2 月 22 日拍了一张照片，哈希值为 XXX。（就是上一步生成的那个字符串）。如果你不知道如何进行比特币交易，那就干脆直接购买一个区块链刻字服务，只需要 100~200 元就可以做到。

完成以上三步之后，这张照片和照片上的文章就留下了永不可磨灭的证据。在任何时候，我都可以证明这张照片的真实性。也可以用这条信息证伪那些被伪造过的照片。任何了解区块链技术原理的人，都会相信我所出示的那张照片就是原始照片，没有做过任何修改。而且，我相信，全世界没有任何一种人类的力量可以篡改区块链上的那条信息。

这就是区块链强悍的地方。这项不被篡改的能力，在区块链诞生之前，人类无法做到。这被称为区块链存证，它的基本原理是下面这三条：

1. 比特币自 2009 年诞生以来，已经吸引了全球至少几百万人的参与。它已经形成了一个全球性的网络，全世界范围内分布着大约 1 万个节点。每一个节点上存放的信息都是一模一样的，这是由区块链的技术原理保证的。你不用明白区块链到底用了什么技术来保证这 1 万个节点中存放的信息是一致的，而且是绝不可能被篡改的。你只需要知道，这种保证是由数学决定的，经过全世界无数聪明人 10 多年来的维护和完善，它是目前人类世界中最可靠的一条信息长链。这条长链上的信息只能被毁灭，不可能被篡改。

2. 每一个电子文件都可以用数学方法生成一个唯一的哈希值。这里的电子文件是一个非常广阔的概念，它既可以是小到一个字母、一个 word 文档，一张照片，一个视频，也可以是任意多的一组文件，比如我电脑的整个硬盘中的所有数据，甚至是某个银行所有服务器中的所有数据文件，都可以生成一个唯一的哈希值。而这个文件中任何一个字节的改动，都会导致哈希值发生变化。另外，更重要的一点是，这个哈希值是不可逆的。也就是说，我们只能从某个文件生成出一个哈希值，但是我们无法从一个哈希值中反推出文件的内容。

3. 我们把需要存证的信息生成一个哈希值，然后把这个哈希值保存到人人都可以公开读取且无条件相信的比特币信息长链中。于是，在任何时候，你都可以向世人证明你存证的那条信息的原始性和真实性。

明白了以上三点之后，一扇新世界的大门就此打开，你将从中看到一个无限广阔和充满想象力的未来，现在我们习以为常并且认为天经地义的事情，都有可能被彻底颠覆。

一个最简单的例子：公证处将没有必要存在。公证的基本思想是，用机构言誉来让第三方相信某一条信息的真实性。但是，机构信誉与区块链用数学建构起的信誉比起来，那就完全不是一个等级的。从理论上来说，现在公证处的所有业务都可以用区块链存证的方式取代。而且，这样的真实案例早在 2018 年就已经发生了。

根据人民网报道[10]：2018 年 7 月份，杭州互联网法院判决一件互联网著作权侵权案，其中采纳的关键证据来自比特币区块链。这起案件中，原告通过第三方存证平台，进行了侵权网页的自动抓取及侵权页

10　http://ip.people.com.cn/n1/2018/0724/c179663-30165424.html

面的源码识别，并将这两项内容和调用日志等的压缩包计算成哈希值上传至比特币区块链中。

有了前面的基础知识，这则新闻背后的技术原理就不难理解了。之所以法院会采信比特币网络上的信息，那是因为利用区块链技术建立起来的比特币网络已经是一个覆盖全球的信息网络。正因为使用的人多，覆盖的范围广，所以，它的信息可靠性就极高。当达到比特币网络这样一个量级的广度和深度后，它的信息可靠性差不多就已经达到任何力量都不可能篡改的地位了。目前全世界还有另外两个类似的区块链，一个被称为以太坊，另一个被称为 EOS，它们也都是具有全球覆盖性的区块链。

你或许想问：既然如此，为什么公证处还没有被淘汰呢？要说明其中的原因，就需要了解另外一个有关区块链的重要概念——共识机制。这也是区块链技术所必须面对的最为关键的技术挑战。

区块链技术之所以能实现信息不可被篡改，是因为任何一个区块链上的节点计算机中都存放了一组一模一样的信息，这组信息的结构就像是一列超长的火车，是一根长长的由一节一节车厢构成的信息长链，每一节车厢就是一个存放一些特定信息的区块，这就是该技术被称为区块链的原因。

每一台节点计算机的地位都是相同的。没有任何一台计算机是这个网络的中心。每一个节点都可以申请向信息链中增加一个区块，这在区块链技术中被称为"记账权"。顾名思义，记账权就是在区块链账本中写一笔的权利。

区块链技术的原理决定，必须要让记账权成为一种稀缺的资源，才能保证所有的节点有充足的时间来同步信息。

那么，对于一个节点来说，怎样才能获得一次记账权呢？换句话说，记账权争夺的规则就是前文说的重要概念——共识机制，它是区块链技术最关键的概念之一。全世界第一个区块链就是 2009 年诞生的比特币网络，它的共识机制被称为"工作量证明（PoW）"。

工作量证明的意思是说，任何一个节点，都可以用工作量（对于计算机来说，工作量就是计算量）来争夺记账权。谁的计算量大，谁抢到记账权的概率也就更高。比特币网络评估工作量的方法非常简单粗暴，它要求参与争夺记账权的计算机按照一个非常简单的规则不停地计算某个特定的随机数。打个比方，这就好像有一个中奖概率只有几万亿分之一的彩票箱子，每个节点计算机就好像是一只可以去摸彩票的手，计算机的算力越大，就表示你摸彩票的频率也越高。比特币的游戏规则是参与摸奖的手越多，那么彩票的中奖概率也会被调得越低，总之，它要保证平均来说，大约每 10 分钟才能让一个人中奖。之所以要限制中奖的间隔时间，这是为了让所有节点都有充足的时间来同步区块链上不断增加的信息区块。

这种共识机制有一个非常严重的缺陷：

计算机工作需要电力，越大的计算量，消耗的电力越大。现在，比特币网络每生成一个区块，就意味着大约 10 多万度电的能源消耗，这是一个惊人的数字。这些电力完全没有用在工农业生产上，他们全都消耗在了毫无意义的简单计算上。而每一个区块，允许写入的自定义信息，大约也就是 100 多 KB，相当于 5 万多个汉字。这对于全世界海量的区块链存证的需求来说，简直是杯水车薪。而这个电力成本也决定了，它的发展是受到极大制约的，人类可没有那么多能源供我们肆意挥霍，更不要说它带来的环保问题了。

所以，以比特币网络为代表的第一代区块链技术，因为采用的是这种 PoW 共识机制，从科学原理上就决定了，它不可能成为全世界都用来安全存放信息的区块链，它根本无法承载这个功能。

正是因为看到了比特币网络共识机制的缺陷，人们又发明了另一种共识机制，叫作"权益证明（PoS）"。我们还用彩票箱子的比方，比特币的 PoW 机制就是谁的算力大，谁就能获得更多的抽奖次数。而权益证明 PoS 则是谁获得的奖金多，就给谁更多的抽奖机会。与比特币齐名的以太坊就是先用 PoW 机制运行了一段时间，又改为了 PoS 共识机制。

PoS 共识机制的好处是，不用再消耗大量的电力来争夺记账权，记账权基本上是凭运气来分配的。但坏处就是，它会逐渐丧失"去中心化"这一区块链的核心理念。新的规则有点儿像马太效应，奖金越多，分配的抽奖机会就越多，而抽奖机会又带来了更多的奖金。这样一来，会有越来越多的小玩家因为中奖无望而离场，不再参与抽奖。每当有一名玩家离场，在区块链的概念中，就少了一个保存完整信息的节点。事实上，以太坊就是这样，它的节点数量从早期的几万个，不断地下降到现在的几千个，而且这几千个中拥有完整信息备份的节点数量已经不足 100 个。节点数量越少，意味着信息不可被篡改的可靠度就越低，而区块链技术之所以能引发人们的无限遐想，就在于它的可靠度。

为了解决这种 PoS 共识机制会逐渐丢失去中心化的缺陷，人们又发明了另外一种共识机制，叫作"授权股权证明机制（DPoS）"。如果还用抽奖的那个比方，DPoS 就是通过投票竞选的方式，在全球确定若干个超级节点，然后这些节点的摸奖频率全都一样，这很像是全体股东推选董事会成员，成员的总数固定，但每次当选的人不一样。区别在于公司董事会定期选举，而 DPoS 是每分每秒都在投票选举，董事会成员随时都可以发生变化。

目前，采用这种共识机制的最著名的区块链网络叫作 EOS，它有一套严格且复杂的节点竞选规则，截止到本书定稿的时候，符合投票和竞选资格的节点在全球有 544 个，得票最多的 21 个节点为超级节点，次多的 100 个为备用节点[11]。著名的谷歌云也正在申请成为其中的节点。可以说，这种共识机制是介于比特币和以太坊之间的一种方式，它的可靠度不如比特币，要篡改 EOS 上的信息，只需要在同一时间收买 51% 的节点，也就是 11 个节点就够了，当然这也绝对不是一件轻易能办到的事情。但好处就是，超级节点数量少了之后，信息写入和交换的效率就可以得到大大提高。

除了我上面介绍的 PoW、PoS、DPoS 这三种共识机制外，人们还发明了其他一些共识机制，比如，阿里巴巴旗下的蚂蚁链，采用的是一种叫作实用拜占庭容错（PBFT）的共识机制。其实，对于本书的读者来说，了解每一种共识机制的技术细节并不是最重要的事情。你只需要知道，目前所有的共识机制都是优缺点并存。它们就好像跷跷板的两头，一头是信息可靠度的高低，一头是信息记录的效率高低。比特币网络的可靠度最高，但效率最低。相比之下，蚂蚁链可能就是效率相对高一些，但可靠度低一些。

但共识机制就一定是跷跷板吗？安全和效率真的就不能兼顾吗？不是的，并没有哪条数学或者物理的法则决定了它一定是跷跷板的两头。之所以我们今天依然没有看到区块链技术淘汰公证处、淘汰版权登记中心，就是因为我们其实还没有真正解决区块链技术在全球范围内大规模应用的技术问题。

11　https://bloks.io

想要把那些令人充满遐想的区块链应用的概念真正变成现实，就需要满足以下两个条件：

1. 存在一个或者若干个分布在全世界的区块链网络，它的广度和深度足以保证它不可能被任何力量所控制，它是一个依赖于数学法则建立起来的绝对可靠的信息长链；
2. 这条信息长链拥有足够高的运行效率，足以满足全世界每时每刻对信息安全存放的需求。

想要达成上面两个条件，区块链技术中的共识机制就必须要有突破性的进展，这就是区块链的技术奇点。我们正在期待着诞生一种全新的共识机制，它能集中所有已有共识机制的优点，去除它们的缺点，以自然选择的方式成为区块链技术的事实标准。我不知道这一天何时会到来，但我相信迟早会到来。

既然找到了技术奇点，我们就可以畅想一下当区块链的技术奇点被突破，一个有着高易用性的全球区块链建成后，我们的世界将会变成怎样。

首先，公证的形式将发生彻底的变革，我们既可以说不再需要公证处了，也可以说，公证将变得无处不在，也将变得极为方便。未来我们做任何事情，只要是利用个人电脑或者手机，以电子的形式处理的，我们都可以很简单地一键设置为是否需要区块链存证。这很可能成为我们手机或者电脑中的一个设置选项，打开之后，我们撰写的每一份文档、拍摄的每一张照片、每一个视频，都会在区块链上保存一份唯一的哈希值。如果你觉得这个变化还不足够伟大，那你一定是低估了这件事情对未来生活的影响。

所有你能想到的第三方信用机构都将被区块链淘汰。比如说，出生证明、结婚证明、亲属关系证明、学历证明等各种证明，将不再需要由政府或者第三方机构作为信用担保来发证。一个人一出生，他的出生信息就会存在区块链上，不可能被改动。我们在生活中的所有轨迹信息，都会以区块链的形式固定下来。今天的人听到这些，或许会觉得有点儿恐怖。其实，这就跟几十年前的人听到我们今天所有的出行、住店、甚至消费信息都会被保存下来一样恐怖。几十年前的人，听说今天走在城市中的任何一个地方，都会被至少一个摄像头录下来，估计也会吓得不敢出门。

区块链技术必然会逐渐融入我们的日常生活，今天的人们觉得恐怖的事情，未来人可能会觉得习以为常，人类的伦理道德规范总是会被技术重塑，每个时代的人都会对未来的科技感到忧心忡忡。这可不是我的个人观点，这是已经发生的事实。

无论举出多少具体的例子，都不足以充分描述未来的区块链技术，这就有点像 30 年前用举例的方式来说明互联网有什么用一样，这样思考问题，格局有点儿小。我们不妨换一个角度，从宏观上来思考这个问题。在未来，世界上存在着一条不隶属于任何国家且不可更改的信息长链，任何人都可以将电子信息存放到这根长链上，随时都可以调取。当然，不可能是随意调取，一定会有相应的法律法规出台。区块链会成为互联网上的一个基础设施，几乎所有的行业或多或少都要用到它。医院用它记录病历，学校用它记录学历，公司用它记录所有的合同，税务局用它记录纳税信息，等等。我们与其思考什么行业会用到区块链，不如思考，什么行业不需要用到区块链，这才是正确的思考方式。

平行宇宙的起源、模型、争议和猜想

起源

平行宇宙有时候也叫作平行世界、多重宇宙、多世界等，这些都是一个意思，考虑到"平行宇宙"这个词最流行，我就统一用这个词。平行宇宙是最近这几年非常热门的一个概念，这几年涌现出很多电影、电视剧都以平行宇宙的概念为题材，比如 2001 年李连杰主演的电影《救世主》、2011 年的《源代码》、2014 年的《明日边缘》、2014 年上映的广受好评的《彗星来了那一夜》，还有《危机边缘》等。概念虽然很热，但是对于平行宇宙到底是什么、它的科学性有多少、这个概念又是因为什么样的科学发现而产生的，估计能讲清楚的人就不多了。我相信这一章的内容一定能让你在聚会聊天中大放异彩。

实际上，平行宇宙的类型有非常多种，有一位这方面研究的专家，也是著名的物理学家、科普作家布莱恩·格林就把平行宇宙模型分成了 9 种不同的类型，一种比一种脑洞开得大。先不展开，我带大家回到平行宇宙概念诞生的最初源头。

平行宇宙这一概念的诞生可以追溯到 1954 年，美国物理学家埃弗里特是公认的概念创造者。他用于解释量子力学的多世界理论，以及由此发展出来的退相干理论在物理学界无人不知，然而这位英年早逝的物理学家的生平故事却鲜为人知。《科学美国人》的作者彼得·伯恩与俄罗斯历史学家尤金·希霍夫采夫等人检索了大量的文献资料，还亲自采访了他的同事、朋友和儿子，终于为我们揭开了这位科学家充满悲剧色彩的一生。

请让我一边为你讲他的故事，一边介绍平行宇宙的基础概念。

休·埃弗里特生于 1930 年，他爸爸和爷爷都叫这个名字，所以按照外国人的习惯，这个埃弗里特其实是埃弗里特三世。据说他 12 岁的时候就给爱因斯坦写过信，问一些关于宇宙学的问题，而爱因斯坦居然还给他回了信。他的大学本科成绩非常好，毕业后获得了奖学金进入普林斯顿大学物理系深造，专攻量子力学，他的导师就是大名鼎鼎的惠勒教授。

在埃弗里特攻读博士学位的年代，正是物理学的黄金时代，尤其是量子力学，正在以前所未有的方式不断地刷新着人类的观念。当时占据着量子力学最核心地位的是以玻尔为首的哥本哈根学派，他们对量子所表现出来的各种奇异现象的解释统称为哥本哈根诠释。虽然名气很大，但是不喜欢哥本哈根诠释的大有人在，头一个就是爱因斯坦，他跟玻尔的论战那是旷日持久，至死不休。20 多岁的埃弗里特在学习了哥本哈根诠释后，也是不喜欢，在他看来，哥本哈根诠释是"荒诞"的。他曾经在一封给《现代物理评论》杂志的编辑德威特的信中写道：*哥本哈根诠释的不完整性无可救药，因为它先验地依赖于经典物理学……还是一个将"真实"概念建立在宏观世界、否认微观世界真实性的哲学怪胎。*

那这个哥本哈根诠释到底是个什么理论？它又是如何"荒诞"的呢？大多数人第一次听到玻尔理论的时候，脑子里面的第一反应一般都是"荒唐"，这哪里像是一个物理学家做出的理论啊！

有一个经典的物理实验，叫作光的双缝干涉实验。实验方法很简单，就是让一束光通过硬纸板上的两条平行的缝隙，我们就可以在纸板后面的幕布上看到明暗相间的条纹。这个实验证明了光是一种波，因为光波在通过两条平行的缝隙后发生了自我干涉，波峰与波峰相遇的地方亮度就会增强，波峰与波谷相遇，亮度就会减弱，于是就出现了明暗相间的条纹。这个实验在 19 世纪初就被科学家们做过了，100多年来大家也没觉得这个实验有啥了不起的。可是进入 20 世纪后，这个实验开始被物理学家们高度重视起来。为啥？因为爱因斯坦提出的光的波粒二象性被各种实验证实了，这样一来，物理学家们不得不面临一个棘手的问题，那就是：既然光在最微观的结构上是一个个的粒子，那当单个光子通过左缝时，它是怎么知道右缝的存在呢？刚开始，物理学家还能掩耳盗铃，因为没有人能在实验室中让光变成一个个的光子发射出去，所以物理学家们就想，或许让光子一个个通过双缝的话，就不会出现干涉条纹了。但是好景不长，没过多久，物理学家们发现电子同样具备波粒二象性，而电子要比光子容易控制得多了，他们制造出了可以一个一个发射电子的电子枪。于是，电子一个一个地被射向双缝，这个实验一做就是一年多，当荧光屏上干涉条纹慢慢呈现出来时，物理学家们知道，一个潘多拉盒子被打开了，从此物理学的江湖大乱。一个电子它怎么就能够通过左缝的时候知道还有另外一条右缝的存在，从而改变自己的运动轨迹呢？这个问题还可以用更简洁的方式问：一个电子到底是通过了左缝还是右缝？

以玻尔为首的哥本哈根学派是这么解释的：一个电子同时通过了左缝和右缝！这并不是说电子会分身术，一分为二，一半通过左缝，一半通过右缝。哥本哈根学派创造出一个前所未有的概念，叫作叠加态。一个或一团基本粒子可以处于某种叠加态中，多种不同的状态相互叠加在一起。一个电子可以同时处在不同的位置、拥有不同的速度和自旋方向。正是因为在量子世界中，电子可以拥有如此神奇的本领，这才导致在双缝实验中，电子可以自己和自己发生干涉。这个概念当然会遭到很多物理学家的反对，他们继续在实验室中研究电子到底通过了哪条缝，可是非常奇怪的是，当他们在某条缝隙上安装一个检测装置，一旦明确测定了电子通过哪条缝隙时，干涉条纹就消失了。哥本哈根学派继续解释说，电子以不同的概率同时处在所有可能的位置，在数学上，可以用一个波函数来描述电子在每一个位置上出现的概率。而薛定谔方程就是一个描述波函数如何随着时间演化的方程，这种演化在没有测量之前，是连续平滑的。但是，一旦对电子进行精确测量，就会得到一个明确的结果，在测量的瞬间，描述多种状态的波函数坍缩成了叠加态中的某一种状态，中断了波函数平滑的演变过程。

可能很多人还是听不明白哥本哈根学派叽叽歪歪地在说什么，没关系，我们总结一下，你只要知道几个结论性的概念就好。第一，为了解释电子的奇怪现象，哥本哈根学派创造出了一种叫作"叠加态"的概念，它完全超出了我们的日常生活经验，没有人能够真正理解。这就好像让一个天生的盲人去理解什么是颜色一样，他不可能真正理解，但盲人不能因此否定颜色的存在。第二，当人们继续追问，测量是如何导致波函数突然坍缩的，电子又是怎样从叠加态突然变成了确定态的，哥本哈根学派就回答说这些问题没有意义，我们不予回答，反正知道结果就好了。也确实，按照这套没人能理解的理论，我们就是可以对电子的行为做出精确的计算，从而发明电子计算机等一系列电子产品。

但是，这样一个理论，让很多物理学家感到非常难受，他们孜孜不倦地寻找着一个更加合情合理的理论，就好像一个不弄清楚颜色是什么绝不罢休的盲人一样。埃弗里特就是他们中的一员。

1954 年的某个夜晚，埃弗里特和几个好友喝了几杯，正在晕晕乎乎的时候，一个绝妙的想法突然出现在他的脑子中。在随后的几个星期中，他把这个想法发展成了一篇论文的初稿，正是这篇论文，创造了今天被无数科幻作家们热爱的平行宇宙。

埃弗里特是这么想的：如果波函数的连续演变没有因测量行为而被打断；如果薛定谔方程总是适用，并且适用于一切物体，包括被观测物体和观测者本身；如果叠加态中的所有状态始终是真实的；那么，这样一个世界，在我们的眼中会是什么样子呢？

根据这些想法，埃弗里特提出了一个貌似"疯狂"的观点，他认为，每当观测者与处在叠加态中的物体发生相互作用时，观测者的波函数就会分岔。相互叠加的每种状态都会产生一个分支。这个观测者在每个分支里都有一个"分身"，每个"分身"观察到叠加态中的一种状态成为测量结果。根据薛定谔方程的基本数学性质，这些分支一旦形成就无法再相互影响。因此，每一个分支都会各自独立地踏上一条不一样的未来之路。

你可能有点儿听晕了，没事，我再用"人话"解释一遍：埃弗里特认为，在双缝实验中，当一个人去测量电子到底通过了哪条缝隙时，在测量的那一瞬间，世界分裂成了两个各自平行的世界，在其中一个世界，他会观察到电子通过了左缝；而在另一个世界中，他的"分身"会看到同一个电子通过了右缝。每个"分身"都认为自己是独一无二的，会观察到符合物理规律的种种可能性中，有一种变为了"现实"。然而，从上帝视角来看的话，每种情况都在不同的平行世界中发生着。

怎么样，是不是非常疯狂？请大家务必把自己想象成是第一次看到平行宇宙的理论，这样你才能更好地体会当埃弗里特的导师惠勒看到论文时的那种感受了。想想看，当我们测量一个电子时，整个宇宙分裂成了无数个平行的宇宙，因为电子是无数个可能状态的叠加，而每一个状态都对应一个平行宇宙，我说的是包含1400多亿个已知星系的宇宙，不是仅仅只有地球世界啊。确实够疯狂。可是，你再想想，虽然疯狂，但它确实是一个可以被我们理解的理论，每一个词我们都能听懂。普林斯顿高等研究院的科学家马尔达西那的看法，反映了物理学家们的普遍观点。他说："如果站在量子力学的角度来考虑埃弗里特的理论，我相信这是最合理的解释。但在日常生活中，我绝不相信这个理论。"

不过，为了科普的需要，我把埃弗里特论文中的所有数学和理论物理部分全都略去了，真实的论文可不是像上面那样的科幻小说的写法，而是有许多的数学推导和概念定义。而且，1954 年他写出论文初稿，直到 1956 年，才完成了正式的博士论文，埃弗里特可不是一个随意开脑洞的人。惠勒非常重视这篇论文，他特地带着论文前往哥本哈根，与玻尔在内的很多物理学家进行了三轮"漫长而激烈的讨论"。我们在惠勒写给埃弗里特的信中可以看到这样的评价：你的完美波函数公式自然无人撼动；但我们所有人都觉得，真正的问题出在这么多公式后面所附的说明性文字上面。这些说明性文字中，埃弗里特用人和炮弹发生"分裂"来描述公式所隐含的科学寓意，这让惠勒感到十分头痛，哥本哈根的科学家们将埃弗里特的理论斥之为"神学"。

到了 1957 年，埃弗里特尽管万分不情愿，但为了毕业，只得将论文删去了四分之三的内容，里面没有再提到"分裂"两个字了。这篇论文终于在著名的学术期刊《现代物理评论》中发表，他是量子力学发展史上极为重要的论文之一。然而，在该论文发表的 20 多年中，根本没有人认识到这篇论文的价值，偶尔有人提到，也是以嘲笑的口吻。这让埃弗里特极为沮丧。他逐渐脱离了理论物理学界，在国防部工作了几年后，他开始开公司创业，但并不是很成功。

在生活中，埃弗里特并不是一个成功的人，他抽烟、酗酒，家庭关系紧张。他有一个女儿一个儿子，但女儿患了精神分裂症，最后自杀了。儿子后来成为一个挺有名气的摇滚歌星，但在儿子眼中，父亲是个冷酷无情、意志消沉的酒鬼。

就在埃弗里特投身创业的时候，物理学界又开始艰难地重新发现了他的多世界诠释，我们之前提到的那位编辑德威特也开始支持这个理论，他找出了埃弗里特未经删减的原始论文，编辑成了一本名为《量子力学的多世界诠释》出版。到了 1976 年，一位科幻小说家受到这个理论的启发，写了一篇描写多世界的科幻小说，结果一炮走红，"多世界"这个词在大众中迅速流传开来，后来由此衍生出了平行宇宙。

正当埃弗里特的贡献被世界逐渐重新发现时，1982 年 7 月 19 日，51 岁的埃弗里特因心肌梗死在睡梦中死去，结束了他悲剧的一生。但是，由他创造出来的平行宇宙概念却越来越火。我想，当我们在饭桌上大谈某一部讲平行宇宙的科幻电影时，也可以提一句这位落魄的平行宇宙之父。

模型

埃弗里特创造的多世界是脱胎于量子理论的一种平行宇宙模型。然而，随着物理学和天文学的发展，科学家们发现了越来越多可能存在的平行宇宙，每一次发现都让我们这些科学爱好者先是感到匪夷所思，然后当我们理解了科学家们在说些什么时，又不由得拍案叫绝。今天我要带你会当凌绝顶，一览众山小。

当代美国的科普红人布莱恩·格林博士写过一本科普著作《隐藏的现实——平行宇宙是什么》。格林为我们介绍了多达 9 种平行宇宙模型，其中，基于概率而产生的平行宇宙有 3 种，基于量子理论而产生的平行宇宙有 4 种，这 7 种全都是在天文和物理发现的基础上，然后根据物理和数学模型推导出来的结果。第 8 种平行宇宙模型则是基于人工智能的发展而引发的猜想，有没有可能我们就生活在一个黑客帝国这样的计算机程序中，而这种程序有无数个，我们只是其中之一。第 9 种则是纯粹的哲学思辨了，为什么我们的宇宙会依附于某一套特定的数学法则，而不是别的数学法则。答案很简单，所有可能的数学法则都存在，有无数个宇宙存在无数种数学法则，我们恰好生活在一个允许出现人类的数学法则控制之下的宇宙，可能你对这个说法并不陌生，是的，这就是宇宙人择原理。

要详细介绍这 9 种平行宇宙的原理和诞生过程，那需要一本 30 万字的书才够。然而麻省理工的宇宙学家，泰格马克教授月四个层次将所有的平行宇宙模型以一种更加深刻的方式再次展现在我面前，让我眼前一亮。我想，这可能是人类的思考力所能触及的最大边界了。好，你这就跟我前往兔子洞一探究竟吧。

第一层次的平行宇宙是与我们处在同一时空的多重宇宙。我们现在所处的这个宇宙诞生于 138 亿年前的一次大爆炸，也就意味着我们能够看到的最古老的光子就是 138 亿年前的光子，那么光在 138 亿年中走过的距离理论上就是我们人类可观测宇宙的最大半径。然而实际上可观宇宙比这个还要再大一些，因为宇宙一直在膨胀，这就好像我们在机场的自动步道上走路，我们走过的距离还要再加上自动步道运动的距离。现在的观测结果是可观宇宙的大小大约为半径 460 亿光年的一个球形区域。但是，真实的宇宙有多大却没人知道，因为那些退行速度已经超过光速的星系我们永远无法看到。注意，退行速度超光速并不违反相对论，因为这是空间本身的运动，没有能量和信息的传递。

虽然无法直接看到宇宙到底有多大，但我们却可以通过研究宇宙的曲率来计算宇宙可能的大小。这就好像你手里有一根纸带，假如这根纸带不是完全平的，只要有这么一点点的弯曲，那么朝两头延伸下去的话，就一定会闭合成一个圈，曲率越小，这个圈也就越大。而我们的三维空间其实也有类似的特性，如果曲率为正，那么最终一定是闭合成有限的循环空间，而在一般情况下，排除某些不平凡的拓扑结构，曲率为零或者负，那么这个空间的大小就是无限的，永远也回不到原点。尽管目前的观测结果还无法最终确定宇宙的曲率，但肯定非常接近零，所以现在大多数物理学家和宇宙学家都倾向于无限宇宙的想法，至少是非常接近无限。而且天文学家们还观测到一个事实，那就是宇宙在大尺度上是完全均匀的，超过 1024 米之后，就基本上没有什么结构可言了。这就好像你用显微镜看一块丝绸，能够看到丝绸的纤维结构，但是用肉眼看的话，那就是完全没有任何结构了。所以，大多数天文学家们都相信，我们所处的这个宇宙包含无限或者近乎无限的物质。

　　那么，一个有趣的事情就来了。我们一起来做个思维体操。想象一个二维的小宇宙，它的空间仅能容纳 4 个粒子，在这个宇宙中，物质共有 16 种可能的排列方式。如果这样的宇宙超过 16 个，那么它的物质排列方式就必定会重复出现。在这个例子中，两个重复宇宙的最近距离是每个宇宙直径的 4 倍左右。这个思维体操同样可以放大到我们的可观宇宙。我们首先计算一下在半径 460 亿光年的球形区域内容纳了多少个基本粒子，然后计算他们可能的排列方式，最后就可以计算出两个重复球形区域的最近距离。宇宙学家们的计算结果是：10 的 10 的 118 次方，写出来的话就是 10 的肩膀上有一个 10，这个 10 的肩膀上还有个 118，三个罗汉叠起来。当然，不同的书上给出的数字略有不同，这个不重要。如果你试图去理解这个数字有多大，我劝你放弃吧，我到现在也还没想明白呢。别说是 10 的 10 的 118 次方了，就是 10 的 100 次方，也足以超出我们对数字的理解能力，它表示 1 后面跟着 100 个零，google 就表示这个数字，这个数字有多大？所有可观宇宙中的原子总数加起来也不到这个数字的一千亿亿分之一。这只不过是 1 后面 100 个零。而前面说的那个数字相当于，可观宇宙中每一个原子都是一个零，跟在 1 后面，你能理解这种巨大吗？我是真的不行。

但是，有意思的是，在宇宙中要出现一个同样的地球的最近距离要小得多，因为我们可以把地球所包含的这个空间大小作为一个基本单元来思考，这样我们算出来的结果是，出现两个完全一模一样的地球的最近距离是 10 的 10 的 28 次方米，也就是说，至少在 1 后面 1 万亿亿亿个零米远处，就会有一个完全一模一样的地球，那个地球上面也有一个完全一模一样的你和我。这就是第一层次的平行宇宙，是不是觉得有点儿不可思议。但是，你想想，我们的地球上有无数个完全一模一样的水分子，完全一模一样的蛋白质分子，甚至我相信能找到两个完全一模一样的病毒，但你却不会对此感到惊奇，其实，本质上是一样的啊。这一层次的平行宇宙与我们是处在同一个时空中的，假如利用虫洞做时空跳跃成为可能，那么我们真的有可能去拜访另一个自己，至少在科幻中可以这么畅想。但是，到了第二个层次的平行宇宙，我们还找不到连接的桥梁。

现在，请想象一个由无穷多个第一层次的多重宇宙构成的集合体，请把这个集合体想象成一个宇宙泡泡。按照目前流行的永恒混沌暴胀理论预测，在更大的尺度上，又有无限多个这样的泡泡，它们共同构成了第二层次的平行宇宙。这里出现了一个术语，叫作永恒混沌暴胀理论。这的确是一个非常艰深的理论，它最早是由美国物理学家阿兰·古斯在 20 世纪 70 年代提出的一个理论，这个理论非常成功地解决了宇宙为什么在大尺度结构上如此均匀的问题，是对早期宇宙大爆炸理论的一个非常重要的修正，因为得到了越来越多观测证据的支持，这个理论已经被科学界广泛接受。介绍暴胀理论不是这章的重点，我们今天只说该理论的结论。该理论认为：我们目前身处的宇宙只是无数个正在发生着的暴胀中的一个而已。有一个比喻可以非常形象地展示这个理论。

想象一锅烧开的水，无数个气泡在水中生成，迅速地长大。每一个气泡就是一个宇宙，每一个宇宙泡都拥有自己完全独立的时空。每一个宇宙泡都拥有不同的物理常数，例如万有引力常数、光速、质子的质量等，这些都是在泡泡诞生的那一瞬间随机决定的。所以，不是每个宇宙泡泡都能形成恒星或者星系，当然也不是每个宇宙泡泡都能允许生命的存在。而我们恰好生活在一个所有的物理常数都恰到好处的宇宙泡泡中，似乎人类很幸运。但这种幸运从更高的角度来看却是最稀松平常的事情。就像一个人中了百万大奖的彩票，从这个人的角度来看，当然是无比幸运的，但是从彩票发行者的角度来看，中奖是必然的。

科学家们正在寻找第二层次多重宇宙存在的证据，他们猜测不同的宇宙泡泡有可能发生碰撞，或许我们能在宇宙微波背景辐射中寻找到碰撞的痕迹。

再下去的第三层次的宇宙就是我们介绍过的埃弗里特的多世界理论，每一次量子的波函数坍缩都意味着一个宇宙分岔的产生。例如，现在我请求你暂停 5 秒钟把书放下，你就会得到意想不到的惊喜。当你听到我的这个问题时，你大脑中的量子效应就会产生一个包含所有可能结果的叠加态，例如"好，我试试看"和"别骗我，我才不上当"等。假如有一个本宇宙之外的上帝视角，那么你就已经分裂成多重分身：一个什么也没做，另一个放下了书，还有一个把书扔到了沙发上等。但是从你自己的角度来看，每个这样的分身都不能意识到其他分身的存在，你觉得自己做什么完全看自己的心情，换句话说只是有不同的概率做某事，或许下次你再听到我同样的请求，做法会和这次不一样。

读到这里，你是否会认为这个想法太疯狂了，如果是这样的话，那宇宙的数量岂不是随着时间的增加而疯狂地增加，因为量子的波函数坍缩过程无处不在。但令我大吃一惊的是，物理学家们可不这么认为。他们认为，从上帝视角来看，所有可能的宇宙都已经存在了，这个数量并不是无限大，所有可能的排列组合是可以计算出来的，当然是一个无比巨大的数字，但并不是无限。而所谓的你和我，只不过是在这些有限多个宇宙中不停地切换，就好像下跳棋，每一步都有很多种选择，你最终跳过的路径，也就是无数短记忆的拼接，这就是你所感受到的一生，但是从上帝视角来看，这样的路径有无数条，每一条都是真实存在的。所有的可能性在每时每刻都存在，时间的流逝只不过是一种假象而已。

有没有感觉非常烧脑，我初次听到这样的观点时，甚至感觉像是某个精神病人的呓语。但这个理论却是一个自洽的理论，它可以从数学上解释那些令人困惑的量子现象，已经有越来越多的物理学家开始接受这种疯狂的理论。但我们这趟兔子洞的探索之旅还没完，还有第四层次的平行宇宙。

请思考一下前三个层次平行宇宙的共同点是什么？答案是支配它们的是同一套数学法则，我们常常说数学是凌驾于物理规律之上的规律，它是规律中的规律。长期以来，关于物理学和数学之间的对应关系，有两种不同的认识。一种认为物理实在是最根本的，而数学语言只不过是一种有用的近似描述。这种认识被称为亚里士多德模式。另一种则刚好相反，认为只有数学结构才是真正实在的，物理是数学结构的外在表现而已，这被称为柏拉图模式。

当代的理论物理学家多半都信奉柏拉图模式，认为数学能够完美地描述宇宙，因为宇宙本质上就是数学的。因此，所有的物理学推到极致都成了数学问题：只要一位数学家拥有无限的智慧和资源，原则上可以计算出宇宙中具有自我意识的观测者有哪些，他们能认识到什么。数学结构是一种抽象的、不可变的实体，超越时空之外。如果历史是一部电影，那么数学结构对应的并不是某一格画面，而是整个胶卷。

柏拉图模式提出了一个问题：宇宙为何是这个样子？但对于信奉亚里士多德模式的人来说，这个问题毫无意义，宇宙就是如此，没有道理可讲，可是柏拉图主义者总是禁不住要想，宇宙为何不能是另一个样子，如果宇宙本质上是数学的，那为什么在如此众多的数学结构中只有一种被挑选出来描述宇宙呢？解决这个问题的方法只能是认为所有数学结构在物理上都是存在的，每一种数学结构对应于一个平行宇宙，这个多重宇宙的各个组成部分并不存在于同一个空间中，而是存在于空间与时间之外。

到这里，泰格马克教授的四个层次的平行宇宙就全部讲完了，或许你依然会觉得平行宇宙太古怪了，但我想说：古怪，正是它的魅力之一。

争议

上一节为大家全面介绍了平行宇宙的四个层次：第一层，因为宇宙无限大，而粒子的排列组合有限，所以必然会因为概率而出现平行宇宙，不过这种情况下，似乎用平行宇宙这个词不太好，用多重宇宙更恰当，因为这些宇宙跟我们隔着遥远的空间距离，而这种空间距离就是我们能够理解的那种距离；第二层，因为永恒暴胀理论，所以就会产生无数的宇宙泡泡，我们只是其中之一；第三层，由量子力学中的埃弗里特多世界诠释产生的平行宇宙；第四层，数学结构可能不唯一而推测出的平行宇宙。这四层平行宇宙模型基本上涵盖了目前科学界流行的最主要的几种。说实话，这四个层次一个比一个听上去脑洞更大，更不可思议。那么，有没有争议呢？当然是有的。

乔治·埃利斯是南非开普敦大学的宇宙学家和名誉教授。他是研究爱因斯坦广义相对论的世界顶尖专家之一。他1975年与霍金一起，合著了有巨大影响的《时空的大尺度结构》一书。他就是众多质疑平行宇宙猜想中最著名的一位。我们来听听他的质疑。

首先，对于第一个层次。平行宇宙的支持者主要是用了一种叫作"外推"的论证方式。因为我们只能看到大约460亿光年半径的宇宙区域，再加上我们已观测的某些结果，我们就外推描述真实的宇宙大小可能是可观测宇宙的无穷多倍。这是一种不合理的外推。也许，宇宙在一个非常大的尺度上是闭合的，并非无穷大；也许，宇宙中的所有物质会在某个地方终止，在这之外就是永恒的真空；也许，空间和时间会在一个奇点处走向尽头，这个奇点又形成新的宇宙。我们不知道究竟发生了什么，因为我们没有来自这些区域的信息，而且永远都不会有。像这样从有限的已知外推未知情况的最关键问题是，没有人能证明你是错的。所有的一切都是基于假设，作为科学家来说，如果沿着这条道路往前走，很可能会丢掉我们数百年来辛辛苦苦建立起来的科学范式，这是很危险的。

再来看第二个层次，暴胀理论是这个层次平行宇宙的核心论据。

支持者们的基本逻辑是这样的：因为我们这个宇宙的各种物理常数似乎都令人不可思议得恰到好处，否则就不会产生允许生命存在的宇宙。令人印象最深刻的就是暗能量，这个也被称为宇宙学常数，也就是单位空间能够产生的暗能量的大小，它必须被精确地调到小数点后面 123 位，你没有听错，就是小数点后面 123 位，才能恰好允许星系的形成，否则我们身处的银河系乃至太阳系早就四分五裂了。这显然是一个无比幸运的巧合，多重宇宙泡泡的假说可以提供一个合理的解释，也就是如果泡泡足够多的话，那总有一个可以满足这种苛刻的条件，而我们生活在其中就不足为怪了。我同意这是一个合理的解释。但是，它的问题在于：如果不存在多重宇宙让你应用概率的话，我们就无法使用这一概率证据。因此，该说法一开始就假设了想要得到的结果，但如果在物理学上只存在一个宇宙，它根本就不适用。概率只是讨论多重宇宙能否自洽的由头，而不是多重宇宙存在的证据。另外一个重量级的理论物理学家、美国科学院院士、普林斯顿理论科学研究中心的主任、因在暴胀理论上的贡献获得过狄拉克奖的斯坦哈特教授，也认为目前的永恒暴胀理论面临着一个基础假设上的尴尬，按照该理论，不可避免地必然形成无穷多个宇宙泡泡，拥有无穷多种不同的宇宙性质。那么任何可能发生的事情都会发生，而且是发生无穷多次。那等于就是说，这个理论预言任何事情都会发生，不论我们能想到的还是我们想不到的，这个宇宙中没有不可能发生的事情。那这样一个理论跟什么都预言不了其实等价。

我们继续讨论第三个层次，多世界诠释的根基是量子力学。但量子力学可能是错的。众所周知，量子力学并不是一个优美的理论，而且与广义相对论还不相容。弦理论更是一个没有经受过考验的理论，甚至不是一个完整的理论。如果我们有证据可以证明弦理论是正确的，那么这套理论所作的预言将会成为多重宇宙合理的、有实验依据的论据。但我们没有这样的证据。

至于第四个层次的平行宇宙，泰格马克提出所有可能的数学结构都对应于一个实际的物理区域。这是一个很有吸引力的提议，但是我们不知道这种说法会牵涉到什么样的原则或者框架，而且我们也没有任何方法来检验这些原则的存在或者属性，虽然很有创见，但是对不起，把它应用到现实纯粹是猜想。

总之，埃利斯认为，目前所有平行宇宙的理论更象是一个概念，而不是一个定义明确的理论，它们只是一些不同想法的拼凑体，而不是一个连贯的整体。如果我们对一个理论降低了可检验性和证据的要求，那么这就弱化了过去几个世纪中科学取得成功的根本。

面对乔治·埃利斯的质疑，平行宇宙理论的捍卫者泰格马克也给出了回应。我们看看他是如何回应的。"请记住，平行宇宙不是一个理论，它们是一些理论的预测。我认为关键之处在于，如果某个理论是科学的，哪怕它的有些结论无法被直接观测、证实，但研究并讨论这一理论的所有结论是完全合情合理的。如果一个学说能够被证伪，我们不需要观察、检验它的所有预测，只需要保证至少一个即可。因此，科学上能够被验证的是数学化的理论，而不一定是理论的预测。举个例子，因为爱因斯坦的广义相对论成功地做出了我们可以观察的预测，所以我们也会认真对待它做出的那些无法观察的预测，就比如黑洞里发生的事情。类似地，如果我们认为暴胀学说和量子力学迄今为止做出的成功预测令人赞叹，那我们就同样需要认真看待它们的其他预测，包括平行宇宙。

"目前来看，在可检验性方面，弦论显然还不能跟暴胀学说和量子力学相提并论。然而我怀疑，即使弦论最终证明是错的，第二层多重宇宙仍然有可能存在。数学方程拥有多个解的现象很常见。只要描述现实世界的基本方程存在多个解，那么永恒暴胀形成巨大的空间区域，就能够实现每一种解。例如，描述水分子运动的方程式（与弦论毫无干系）可以给出三种不同的解，分别对应水蒸气、液态水和固态冰。类似地，如果空间本身也存在不同的相态，那么暴胀将倾向于实现所有的相态。"

　　另外一位资深宇宙学家，波士顿塔夫茨大学的教授亚历山大·维连金对埃利斯的质疑也给出了这样的回应："实际上，多重宇宙图景有可能被观测实验验证。假如我们这个宇宙与其他泡泡宇宙发生碰撞的话，就会在宇宙微波背景辐射上留下痕迹，也就是一个辐射密度或高或低的圆形斑点。如果能探测到与预测密度相符的斑点，就可以作为泡泡宇宙存在的直接证据。相关研究已经开始，但是没有人能保证这种碰撞在我们的宇宙视界内发生过。

　　"此外，还有第二种方法，就是利用多重宇宙的理论模型来预测我们这个宇宙其他区域的物理常数。这些常数的数值在各个泡泡宇宙中都各不相同，我们难以做出准确的预测，但仍可以从统计学入手，预测物理常数的哪些取值最有可能被多重宇宙中的典型观察者观测到。而我们就是典型观察者，这也是宇宙学第一原理，即平庸原理的基本假定。我们就能预测我们所在的泡泡宇宙中物理常数的可能取值。这套方法曾被用来预测暗能量密度的取值，而观测证据与预测值非常接近，这改变了很多人的观念。"

　　在质疑平行宇宙理论的阵营中，还有一个最常听见的声音，那就是这套理论与奥卡姆剃刀原理相悖：为了解释我们已知的宇宙为什么会这样而引入了太多的假设，把事情变得极为复杂，为了解释一个双缝干涉实验，不惜分裂出无数个宇宙，这动静闹得也太大了吧。

　　面对这个有力的质疑，泰格马克教授给出了一个无比优美的回答，至少在我看来是这样，我找到了久违的满足感。

"请问，一个所有自然数的集合，究竟是整个集合简单呢，还是其中的某个数字简单？你多半会以为单个数字要简单。错了，整个集合可以用一个极简单的电脑程序产生，只需定义数字 1 和加法运算，整个集合就出来了。然而，定义单个数字所需的空间却可能长得惊人。

"同样，爱因斯坦场方程的所有解的集合比某一特定解要简单。因为前者只用几个方程描述，而后者却需要规定有关某一超曲面的大量初始数据。所以，当我们把某一集合的所有组成部分作为一个整体考虑时，这样的整体往往具有内在的对称性和简单性，但当我们把注意力放到集合的某一特定元素时，对称性和简单性便会消失，复杂度反而增加了。

"在这个意义上，层次越高的多重宇宙其实越简单。从我们的宇宙走到第一层多重宇宙，就省去了规定初始条件这一步，升级到第二层时，又省去了规定物理常数的需要，到了第四层，干脆就什么都用不着规定了。从上帝视角来看，多重宇宙是简单得不能再简单了。

"当我们再次深入思考四个层次的平行宇宙，我们就会发现，那些最简单、最优美的理论，天生就包含了平行宇宙概念。而要否定那些宇宙的存在，我们反而要做出很多假定，例如有限空间、波函数坍缩以及本体上的不对称等，理论其实是在被复杂化。我想再次请问，是让这些平行宇宙存在更优美，还是我们用一大堆复杂的理论剔除它们更优美呢？"

我不得不承认，泰格马克教授的这个回答实在漂亮！

但是不管怎么讲，平行宇宙理论现在依然处在起步阶段，还有许多概念性的问题等待解决。另一位国际知名的物理学家，斯坦福大学的伦纳德·萨斯坎德教授说："我敢打赌，在下个世纪之交，哲学家和物理学家将怀念今日。他们会兴致勃勃地回忆起这样一个黄金时代：20 世纪传统而又狭隘的宇宙观让位于更为宏大、美好的多重宇宙观。"

在科学诞生之前，人类的宇宙观一次一次地被伟大的哲学家们刷新着。但是科学诞生以后，刷新人类宇宙观的使命就转移到了物理学家们身上。我们曾经以为自己是宇宙的中心，但是哥白尼让我们知道了地球只是太阳系的一员，哈勃让我们知道了银河系只是宇宙总星系群中的一员，爱因斯坦让我们知道了宇宙的时空结构，人类被自己的发现一次又一次地震撼着。现在我们又发现很可能存在无穷无尽的平行宇宙，到了这一步，人类这点可怜的想象力已经不够用了。面对宇宙，我们会变得更加谦卑。作为回报，人类会生活在一个更加宏伟的世界，一个超越祖先最狂野想象的世界。

下一节，我将带你尽情放纵想象力，去看一看物理学家们的脑洞到底能开到多大。

猜想

本节是在假定某种平行宇宙理论是正确的前提下所做出的各种大胆甚至有些疯狂的猜想。如果你有兴趣创作科幻小说或电影的话，我想今天的内容会给你提供很多创意素材。

按照暴胀多重宇宙的模型，我们的宇宙只是无穷多个宇宙泡泡中的一个，别的宇宙泡泡可能与我们这个宇宙有着完全不同的物理常数，例如有些宇宙的光速不是 30 万千米 / 秒，有些宇宙的万有引力常数比电磁力常数（静电力常量）还大。那我们就不禁好奇，在这些与本宇宙拥有不同物理常数的宇宙中，是否有可能存在生命呢？如果这个问题的答案是"有可能"，我想请你一边看我叙述一边思考：这会拥有什么样的重大意义？

有两位物理学家兼宇宙学家就在研究这个问题，他们是美国的高能物理学家詹金斯和以色列的理论物理学家佩雷斯，他们在《科学美国人》上共同署名发表了一篇名为《到宇宙之外寻找生命》的文章。

相信你已经知道本宇宙有四种基本力：万有引力、电磁力、弱核力和强核力，那么是不是必须要有这四种力才能形成类似我们这样的宇宙呢？答案是不必。2006年，佩雷斯的研究团队发现了一套物理学定律，它只依赖于自然界中的三种力，也就是不需要弱核力，居然也能够演化出一个适合生命存在的宇宙。

在这个没有弱核力的宇宙中，质子聚变成氦这种常见的核反应将不可能发生，因为热核反应要求2个质子转变成中子，而弱核力是这种反应的基本条件。但是，创造元素还可以通过其他途径。比方说，在我们的宇宙中物质的数量远远超过了反物质的数量，但是我们只要把控制正反物质对称性的参数稍加改动，就足以确保大爆炸核合成能够产生出大量的氘核。氘是氢的一种同位素，也叫重氢或者氢2，原子核中比氢原子核多出一个中子。这样一来，通过一个质子加一个氘核聚变成一个氦3的核反应，恒星仍然能够发光发热。我建议，作为科学爱好者，你不必太去追究这个过程的详细原理到底是怎么回事，我们相信物理学家们的研究成果就好了。

佩雷斯发现，跟我们宇宙中的同类恒星相比，这种无弱核力恒星的温度会低一些，尺寸也要小一点。根据美国普林斯顿大学天体物理学家亚当·伯罗斯的计算机模拟，这种恒星可以持续"燃烧"大约70亿年，能量辐射率只比太阳低几个百分点。而且，这种恒星也能通过一步接一步的核聚变反应，合成越来越重的元素，一直到铁，甚至能一直合成到元素序号为 38 的锶。有了这些重元素，那么一颗类地行星就能形成，只不过在无弱核力的星球上，由于没有了放射性衰变，所以行星的内部就会缺乏热源，板块活动和火山活动这些地质活动几乎就不可能出现，但潮汐力仍有可能对行星的表面产生影响。而这颗行星上的化学活动和地球上的倒是不会有本质差别，除了这颗行星上的元素周期表大概只能到 38 号，比锶更重的元素可能不会存在，或者极其少。但是，并没有哪一条物理法则禁止在这样的星球上产生我们已知的生命形式。

文章的另外一位作者詹金斯也在做着和佩雷斯差不多的研究。他们采用的方法是对标准模型中的一组参数进行微调，例如在保证有机化学过程仍然能够发生的前提下，6 味夸克中的 3 味轻夸克的质量可以在什么样的范围内变动。他们仔细分析过这样一个宇宙：上夸克和奇异夸克的质量大致相同，下夸克则要轻得多。这样一来，构成原子核的就不再是质子和中子，而是中子和另外一种重子——所谓的西格玛负超子。呵呵，不要问我理论细节，我跟你一样，也是看个热闹，这些高大上的名词我们假装听懂就好了，反正先混个耳熟，聚会聊天的时候只要面不改色地侃侃而谈，听的人就会景仰得连大气也不敢出一声，就像我现在一样。詹金斯和他团队的研究结论是：即便是这样一个完全不同的宇宙，也可以存在氢、碳、氧的稳定同位素，因而可以发生有机化学过程。至于这些元素能否在这些宇宙里大量形成，足以让生命在某个地方诞生并开始进化，还需要更多的研究，但至少可能性是存在的。

读到这里，我刚才提出的那个问题，不知道你想好了没有？如果上面说的这一切都是真的，它就为我们找到了另外一种可能证实平行宇宙存在的方法。假如有一天我们收到来自外星文明的信息，解读信息后我们发现这个文明所在宇宙的物理常数，或者从他们的世界构造中我们推测出他们的物理常数与本宇宙的不同，那么这就是一个平行宇宙存在的铁证。你可能想问：我们怎么可能和别的宇宙泡泡进行通信呢？目前有一种理论认为引力是可以穿透宇宙泡泡的，换句话说，可以用引力波与别的宇宙泡泡进行通信。当然，这也只是个假说，并没有得到任何实验数据的支持。但我一开始就说了，今天的节目是科幻素材，是帮助大家创作科幻作品的。我们不妨脑洞开得更大一点，假如来自另外一个与本宇宙物理结构不同的宇宙的外星人丢到地球，他们能存活吗？我想，如果直接暴露在本宇宙，肯定瞬间玩完，但是如果他们用某种类似能量场一样的保护罩将自己与本宇宙隔绝开，那或许就能够维持稳定。好吧，这个问题先停在这里，不再往前走了，实在太科幻了。

我们再来开一个更大的脑洞。你看过马特·达蒙主演、2010年上映的科幻电影《命运规划局》吗？这是根据著名的科幻小说作家菲利普·迪克的一篇短篇小说改编的，在豆瓣上的评分只有6.9分，在科幻大片中，这是很低的分数。网友的典型评价是这样的："故事本身站不住脚，来无影去无踪，类1984的设计和'自由意志'都是表壳，动机几乎落入唯神论，完全可以当民间神话看。""这哪里是科幻片，有科幻元素吗？瞎编得没谱，还不如月光宝盒呢？"说实话，我挺为它鸣不平的，同时也觉得可惜，如果导演让我做个顾问，让我对剧本做出一些改动，增加一些科学元素进去，或许马上能拉高这部片子的评分。为了节约时间，电影情节我不再赘述，反正就是一群超人能调整别人命运的故事。如果编剧能够把平行宇宙的概念作为科学元素植入进去，那么原本看上去完全不靠谱的神话，瞬间就能成为一部硬科幻电影。

在电影中，每个超人手里面都有一本笔记本，打开一看，就像是一幅城市下水管道的分布图，男主、女主的命运就是笔记本上两根前进的线条，线条的交叉点就是俩人相遇的时空坐标。硬科幻和软科幻的差别就在于有没有合理的科学解释，哪怕再疯狂的剧情设定，只要有合理的解释，观众就会叫好。根据埃弗里特的多世界诠释，我们的每一次选择都表示是一次宇宙的分裂。而人的命运就是由无数的选择组成的，你之所以是你，无非就是无数个记忆片段的组合，人的命运其本质就是一条记忆片段连成的线。当你做出一个选择时，在你自己看来是自由意志让你做出了选择，而从上帝视角来看，其实没有选择，所有可能的选择都发生了。从上帝视角来看，作为一个记忆的主体，你就是在无数个平行宇宙中不停地切换、穿梭，每一个平行宇宙中的记忆片段连在一起，就构成了你的人生，也就是你的命运。打个比方，我们每个人都是在玩一场跳棋游戏，从这个平行宇宙跳到另外一个平行宇宙，每一步都有无穷多种选择，将你跳过的路径连在一起，形成记忆，放进你的脑子中，这就构成了一个独一无二的你。这就从科学的角度解释了电影中超人或者说上帝手里面那本命运故事书的原理。

　　讲到这里，善于哲学思考的人可能会想，其实这还是没劲，假如真有这样的上帝视角，那么即便有无穷多个命运故事，在上帝眼里依然没意思，因为上帝可以用无穷多个故事本记录这无穷多个命运故事，既然是写好的故事，那也就意味着这些故事仍然像是旧报纸，对于上帝来说没有任何惊奇之处，不值得去干预，或者说所有干预的结果也不过是另外一本故事书上写好的故事而已。你能想到这一步，真的已经很深刻了，但我还是想告诉你，事情比你想得还要复杂。100多年前，就有个数学家证明了一件听上去非常古怪的事情，即便上帝有无穷多本故事书，也不可能把一个人所有的命运故事都记录下来，永远存在他没有记录下来的命运故事，而且还是无穷多个。

　　可能有些人已经猜出我说的这个数学家是谁了。没错，他就是创立集合论、后来又被自己的集合论折磨得精神失常的伟大数学家康托。他的那个数学证明俗称"康托的对角线证明"。接下来，我将证明为什么上帝也没有办法记录你所有可能的命运故事。

现在我们假设你的一种命运故事就是一串无限长的数字，为什么是无限长呢？你可能会说人的寿命有限，所以数字串的位数也应该是有限。请注意，位数不代表寿命，因为人的每一步选择都有无数种可能性，因此人的命运故事也是无数种排列组合，我们只是给每一种命运故事一个数字串来编号，仅此而已。现在我们又假设上帝手里面有无限多本故事书，他想用这无限多本故事书来一一对应你的每一种不同的命运。他能做到吗？如果我们没学过集合论，从直觉上判断，那应该肯定能啊，故事书有无限多本，那还有什么不能做到的。

古怪就古怪在这个地方，下面重点来了，我们用反证法。假定上帝已经把每一种命运和每一本故事书对应起来了，于是我们把每一个数字串纵向排列起来，就是你把每一个数字串想象成一根珍珠项链，每一个数字就是一颗珍珠，然后把这些项链排列成梯子的形状。现在，如果我们能创造出一个数字串，它不是这个无限长的梯子中的任何一根项链，那么就等于证明了上帝即便有无限多本故事书也无法把你的命运都记录下来。好，怎么创造这个数字串呢？这样，这个新数字串的第一位取第一根项链的第一颗珠子，第二位取第二根项链的第二颗珠子，第三位取第三根项链的第三颗珠子，以此类推，如果要把取的这些珠子用一根线连起来的话，你会看到这根线就是这个梯子的对角线。到这一步还没完，因为取出来的这个数字串也有可能是和梯子中的某一根项链完全一样的，但我们再做一步，就可以保证一定不一样了，怎么做？就是把这个新数字串的每一位数字都加1，或者加上任何一个数字，这样一来，这个新数字串的第一位就和第一根项链的第一位一定不同，第二位和第二根项链的第二位一定不同，以此类推，这个新数字串就肯定不是这个梯子中的任何一根项链了。证明完毕。而且，最重要的是，这个新数字串有无穷多个。

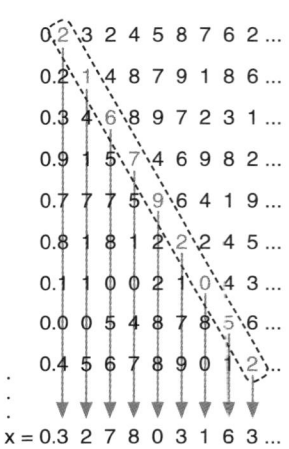

好了，我承认，让你马上搞懂这么抽象的一个证明过程，对你的要求还是有些苛刻的。如果你没弄懂这个证明过程，没关系，你在网上用关键词"集合论对角线证明"或者"康托对角线证明"来搜索视频，很容易找到视频讲解，如果在黑板上或者用动画演示出来的话，这个证明过程基本上小学生也能看懂，一点儿也不难。

到这里，我就该抛出最后的安慰了：即便是上帝，也无法知道你全部的可能命运，更不要说算命先生了，在我们的余生中，命运故事的可能性比无穷多还要多无穷多个。只要我们认真活着，就有比无限多还要多无限多的可能！

上帝是左撇子吗？

这个世界上有一些似乎是司空见惯或者天经地义的事情，都会在科学家们的拷问下变得极为有意思，人类的朴素自然观总是伴随着一个又一个的科学发现而不得不重塑。今天，我要带大家来一次惊奇之旅。

我们先从一个科幻故事开始。假如有一天，我们与距离地球极为遥远的某个外星文明取得了联系。我们假定，由于某些奇怪的原因，我们只能给这个外星文明传送滴答滴答的长短脉冲信号，我们无法传送其他东西供他们观察。现在，我们想要告诉这个外星文明有关我们人类的一切事情。大家想一想该怎么办？在真实的历史上，寻找外星人的先驱德雷克先生和卡尔·萨根先生，在1974年给25000光年外的武仙座球状星团发送过被称为"阿雷西博信息"的无线电信号，他们就面临着这样的问题。稍微动一动脑筋，你就会发现，这个问题似乎并不难解决。第一步，我们需要先定义数字，数学是全宇宙通行的语言。我们用脉冲信号的长短来定义0和1两个数字，这就足够了，因为数学规律与多少进制没有关系，不论是几进制，得出的数学规律都是一样的。有了数字，我们就可以告诉外星人更多的信息，例如，我们可以用数字3.1415926来指代一个圆。再比如，我们如果想要告诉外星人我们的身高，我们就可以用170亿个元素序号为1的原子，也就是氢原子的直径之和，因为我们坚信外星世界的氢原子与地球世界的氢原子是一样大的。我想，用这种方法最终能够成功地把我们的外形描述出来。但是很快，我们就会面临一个难题，如何让外星人把我们的心脏放在正确的位置。你可能会说，放在左边啊。可是，哪边是左边？这个问题如果是问地球人，他会回答你左边就是左边。但是，现在与我们交流的是外星人。你细想一下就不难发现，我们无法用自然语言准确地告诉外星人地球人对左和右的定义。这是一个不折不扣的难题。

如果这个问题放在 1956 年之前，那么所有的科学家都会挠头。因为究其根本原因，那时的科学家们都有一个共同的信念，他们认为上帝不偏爱任何方向——在宇宙中，所有的物理现象都是镜面对称的，你不可能找到一个物理实验的结果对左右方向有偏好。这句话也可以反过来这么说，如果我们观察一个物理实验，不论是直接观察，还是通过一面镜子来观察，最终得出的物理规律都是相同的。这个共同的信念在物理学上有一个名词，叫作"宇称守恒"。正是这样的一个共同信念让当时的科学家们觉得：想要通过自然语言让外星人与地球人在左右的定义上达成一致是不可能的。

刚才我们说了，所有的物理现象都是镜面对称，这是物理学家们的一个信念，类似的信念还有三个最为通俗易懂。第一个叫作时间平移对称：同样的一个物理实验，在所有的前提条件都相同的理想情况下，在不同的时间来做，结果都是一样的，物理规律不会随着时间的变化而变化。第二个叫作空间平移对称：同样的物理实验在宇宙中的任何地方来做都是一样的结果。第三个叫作方向对称（即空间旋转对称）：物理实验的结果与实验室的朝向无关，不管实验设备转动几度，得出的结果都是相同的。在理论物理中，这种对称的信念变得更为有趣和令人兴奋。在量子力学的研究中，科学家们又发现了这样一个事实：每一种对称规律都有一条对应的守恒规律。时间平移对称可导出能量守恒定理，空间对称意味着动量守恒定律，方向对称可导出角动量守恒定理。这些关系是非常美妙的，对于物理学家们来说，它们是宇宙中最优美和意义深远的东西[1]。

在物理学上，基于信念而得出的结论叫作定律，我们没有办法证明定律，因为它们是建立在信念上的。比如前面提到的"时间平移对

1　《费恩曼物理学讲义》第一卷，上海．上海科学技术出版社，新千年版，第 541 页。

称"可写作"时间平移对称定律"基于定律进一步推导出来的结论就叫作定理，比如由时间平移定律导出的能量守恒定理，所以，定律是皮，定理是毛，如果定律失效了，也就是意味着皮之不存，毛将焉附。这与数学中的公理和定理的含义是异曲同工的。不过，在物理学史上，也不乏定律变为定理的例子。大家最熟悉的就是万有引力定律，牛顿提出的时候，它只是牛顿的信念，无法被证明。但是，当爱因斯坦的广义相对论出现后，万有引力定律就是可以在广义相对论的方程中被自然而然推导出来的，因此，万有引力定律准确地说也就变为了万有引力定理。但是由于历史原因，大多数时候，我们依然叫它"万有引力定律"。

基于物理现象都是镜面对称的信念，物理学家们得出了宇称守恒定理。但是，信念只是一种定性的描述，如果只能定性，那么科学就无法从哲学中分离出来。哲学与科学最大的不同就在于，哲学只研究定性问题，不研究定量问题，只有当哲学与数学结合，定性与定量结合后，才标志着科学诞生了。牛顿的光辉著作《自然哲学的数学原理》就是这样的一个标志性著作。

下面，我们以能量守恒为例谈一下什么是守恒。有一个事实支配着至今我们所知的一切自然现象，自科学诞生以来，我们从来没有发现过例外，至少在今天的我们看来，它依然是完全正确的。那就是：在自然界所经历的种种变化之中，有一个称为能量的物理量是不变的。而能量，完全是一个抽象的概念，或者仅仅是一种数学原理，它告诉我们在所有自然现象发生的过程中，有某一个数量是永远不变的。它并不是对机制或者具体事物的描写，而只是一件奇怪的事实[2]。在物理现象发生的任何时刻，我们都可以计算某个数值，不管大自然

2　《费恩曼物理学讲义》第一卷，上海．上海科学技术出版社，新千年版，第33页。

怎么耍弄它神奇的表演，我们再次计算这个数值，它的结果永远是相同的。就好像你给孩子 28 块积木，无论孩子怎么摆弄它们，永远都还是 28 块，哪怕有一天你发现少了一块，你也一定能在某个地方找到那丢失的一块。能量的形式有很多种，动能、热能、重力势能、弹性势能等，但我们总能把它们统一成同一个单位，在物理学中，我们把这样的单位称为"量纲"，在量纲相同时，它们的总数是恒定的。这就是大自然的奇妙之处，我们不知道为什么会这样，我们只知道就是这样。除了用信念来描述外，我也找不到更好的词汇了。

每一个守恒规律中都蕴含着一个守恒量，比如能量，这个量是可以被数值化的，也是可以被计算的，它是实实在在地存在于大自然中的一个数量，并不是科学家们在头脑中凭空创造出来的语言游戏。很多时候，像费曼这样的物理学家看不起哲学家的原因就在于哲学家们经常甚至是随口就编造出很多名词，但这些名词经不起深究，无法做定量分析。

好了，现在回到我一开始谈到的镜面对称以及它对应的宇称守恒。在这种守恒中，当然也有一个可以被量化的守恒量，这个守恒量就被叫作"宇称"，它是描述基本粒子的一个实实在在的物理量，就好像质量、能量、电荷一样。在 1956 年以前，宇称守恒定律与能量守恒定律一样，被认为是物理学中的基本原理，是金科玉律，是共同信念。也正是基于这样的共同信念，科学家们会告诉你：对不起，我们真的没有办法用自然语言让外星人的左右与地球保持一致，不管我们让他们做什么样的实验，左右都是完全对称的，没有任何区别。

好了，既然你听到我说这是 1956 年前的事情，那么剧情自然就是在 1956 年发生了反转。来，我们接着讲这个发生在物理学黄金年代的好莱坞悬疑大片。

为了让你充分感受这个故事的曲折，咱们还得从 1947 年说起，那一年，实验物理学家们发现，宇宙射线中有一种被称为"θ 粒子"的奇异粒子在衰变时，变成了 2 个 π 介子。到了 1949 年，实验物理学家们又发现了一个新的奇异粒子，它衰变后变成了 3 个 π 介子。人们又把这种奇异粒子叫作"τ 粒子"。为了后面记述方便，我就把这两种粒子叫作"西子"和"桃子"。

西子和桃子的发现当然不是什么令人瞩目的大事，不同的粒子有不同的衰变方式，就好像人有不同的死法一样，这很正常，没什么好奇怪的。但是，接下来就是这两个"子"出了大问题，把物理学江湖搅了个天翻地覆，好不热闹。随着实验的进展，人们发现西子和桃子除了它们衰变的方式不一样以外，其他方面的性质全都一样。质量和电荷是相等的，蜕变所需的时间也是相同的，再有，无论何时生成这两种粒子时，它们总是以同样的比例出现，比如说，14 % 是桃子，86 % 是西子[3]。这就好像有两只鸭子，你无论用任何方式去观察比对，它们都是完全一样的，按理说它们就应该是同一种动物。科学家们经常会说一个段子，说有一种动物它叫起来像鸭子，走起来像鸭子，长的也像鸭子，那么它就是鸭子。但问题是，它们偏偏死掉以后会变得不一样。西子和桃子唯一的不同点，用物理学术语来说，就是在它们蜕变后测量到的宇称不同，注意，我之前说过，宇称是一个实实在在的物理量，是可以测量的，而且当时几乎所有的物理学家们都秉持着一个信念，那就是宇称守恒。既然西子和桃子在死后的宇称不同，那当然就不可能是同一种粒子。这就好像两只鸭子被我们吃掉消化后，经过精确无比的测量，证实我们得到的能量不同，那么这两只鸭子生前也肯定是不同的，因为能量守恒。

3　《费恩曼物理学讲义》第一卷，上海．上海科学技术出版社，新千年版，第 546 页。

于是，物理学家们都在尽力改进实验设备和方法，寻找西子和桃子的不同点，因为他们都坚信，既然它们是两种不同的粒子，那就一定能找到不同点。然而一切努力全都徒劳无功，除了它们蜕变后的宇称不同，它们实在无法区分。物理学家们陷入了迷惘和思索之中。这种困境，在当时被物理学界称为"$\theta-\tau$之谜"。

就在此时，距离美国东海岸不远的新泽西州，有一处学术圣地，伟大的爱因斯坦不久前在那儿与世长辞，这就是著名的普林斯顿高等研究院。34 岁的杨振宁和 30 岁的李政道此时正形影不离地走在校园中，热烈地讨论着西桃之谜，这对来自中国的青年才俊此时根本想不到，一年之后，他们将因为此时此刻讨论的问题而同时获得诺贝尔奖。这也是中国人对人类的科学事业做出的重大贡献之一。那时的杨振宁和李政道都是中国国籍。而且杨振宁先生虽然中途加入过美国国籍，但是现在又已经是标标准准的中国公民。所以，我们可以毫不心虚地说，物理黄金时代的大师有我们中国人。

那么，杨李二人又是如何解开西桃之谜，而这又与我们和外星人交流左右有什么关系呢？

时间走到了 1956 年春暖花开的季节。4 月，一年一度的罗彻斯特会议在位于美国纽约州的罗彻斯特大学召开，这是当时国际高能物理界最重要的会议。全世界最优秀的粒子物理学家们齐聚一堂。杨振宁和李政道受邀参加了这次会议，而本次会议最重要的议题就是西桃之谜。在会议的最后一天，杨振宁做了一个小时的发言。在发言的结尾，他鼓足勇气，再次提出："会不会是我们的信念出了问题？宇称是不守恒的呢？"

说实话，对于讲故事来说，我很希望此时能对你们说，杨振宁抛出了一个离经叛道的观点，举座皆惊。这样的描述充满了戏剧的张力，就好像迈克尔逊 - 莫雷实验之后，爱因斯坦大声宣布以太并不存在，光速是不变的一样。然而，对于西桃之谜来说，宇称不守恒的观点并不是什么惊世骇俗的观点，很多初次接触西桃之谜的物理学家都会想到如果宇称不守恒，这个西桃之谜也就不攻自破了。

但问题是，过去已经有太多的实验符合宇称守恒的信念。宇称守恒不仅仅是物理学家们的一种执念，它确实是有大量实验基础的。科学家们都认同实验是检验理论的唯一标准，没有实验基础的理论都是空中楼阁。所以，在罗彻斯特的会议上，杨振宁再次提出宇称是否守恒时，既没有举座皆惊，也几乎没有人同意，杨振宁自己也是心虚得很。

重大转机是在罗彻斯特会议结束后没多久到来的。在纽约的一家餐馆中，杨振宁和李政道突然想到：似乎之前所有的所谓证明宇称守恒的实验都没有仔细地按照不同的相互作用来分类，会不会宇称仅仅是在弱相互作用时不守恒，而在其他相互作用时是守恒的呢？咱们稍微解释一下什么是弱相互作用。牛顿把"力"定义为物质之间的相互作用，万有引力是人类发现的第一种相互作用。电磁力是第二种。进入量子时代后，人们又发现了弱力和强力。只是在粒子物理学中，人们习惯性地使用"相互作用"，而不是"力"这个词。而强相互作用是把质子和中子结合在原子核中的一种"力"。

有一种弱相互作用叫作 β 衰变。什么是 β 衰变？1896 年，德国物理学家贝克勒尔发现了铀原子的放射性现象，92 号元素铀能够自发衰变成 82 号元素铅。接着，卢瑟福和汤姆孙在一年后发现，铀在衰变过程中会产生三种不同的放射线，准确地说，大自然中没有线，所有的线都是由粒子组成的。你可能想问：他们怎么知道是三种不同的粒子呢？这个原理其实很简单，就是让放射线通过一个磁场，然后他们就发现，在磁场中放射线的偏转方向会不同，根据异性相吸的原理，也就知道了铀在衰变过程中，释放出带正电、负电和不带电的三种粒子。他们就把带正电的叫作 α 射线，带负电的叫作 β 射线，不带电的叫作 γ 射线，那么发出 β 射线的衰变过程就叫作 β 衰变。

之后两周，杨振宁和李政道设法找来了大量的有关 β 衰变的实验数据，然后开始动手计算，验证宇称是否守恒，这一过程涉及极为枯燥和复杂的数学计算，而且当时还没有计算机可以作为辅助。最后，他们算出的结果一致：数据不足，没有结论。换句话说，他们惊讶地发现，过去所有 β 衰变的实验数据都既不能证实也不能证伪宇称守恒。用杨振宁自己的话来说，就是：长久以来，在毫无实验证据的情况下，人们都相信，弱相互作用中宇称守恒，这是十分令人惊愕的。[4] 这个突破口一旦找到，后面的事情就如同开闸放水，一泻千里了。仅仅过了一个月，他们俩就共同完成了那篇名垂青史的论文《弱相互作用中宇称守恒问题》，投给了著名的学术期刊《物理评论》。1956 年 10 月，文章被发表了。

这是近代物理学史上最重要的论文之一。在这篇论文中，他们提出，在强相互作用和电磁相互作用中，宇称在很高的精度上是守恒的，但是在弱相互作用中，宇称守恒只是一个外推性的假设，甚至可以认为西桃之谜恰恰是弱相互作用中宇称守恒的反例。为了毫不含糊地确定在弱相互作用中宇称是否守恒，我们必须完成一个实验来确定在弱相互作用中左和右是否不相同。

我必须告诉你，这种诺贝尔奖级别的理论绝不是哪天灵机一动，突然想到一个绝妙的点子，抛出几个与主流科学界完全不同的观点，就可以号称是有突破的理论了。一个物理理论必须要有定量化的数学

4　摘自杨建邺所写《杨振宁传》的第四章（掌阅电子版 38.63%）。

分析，并且能够提出可供检验的预言，对预言的结果也必须是量化的，而不是泛泛而谈。李和杨的论文中提出了 5 个明确的物理实验，给出了明确的需要测量的，被称为"赝标量"的数据，以及预言了可能的结果。他们的工作是极为扎实和细致的，绝对不是偶然的灵光乍现。只是论文发表后却遭到了绝大多数著名科学家的反对，因为要打破一个信念何其艰难。美国物理学家菲利克斯·布洛赫在看了论文后，决绝地说：如果宇称真的不守恒了，我把我的帽子吃掉。

但正如我一再强调的，实验才是检验物理理论的唯一标准。对于杨振宁和李政道而言，比科学理论更重要的是科学实验。不幸的是，他们俩都不是搞实验的，而且据杨振宁的老师泰勒讲，杨振宁的实验动手能力还不是一般的差。他们迫切地需要有一位实验物理家来帮助他们。

起初，他们找到了著名的实验物理学家莱德曼，但是遭到了拒绝。莱德曼开玩笑地说：我一旦找到一位绝顶聪明的研究生供我当奴隶使用，那我就会去做这个实验。这其中还有一个很重要的原因就是：这些实验的难度极高，值不值得花大量的时间和精力去做一个很可能没有任何价值、只是证实了一些人们早就相信了的事情的实验。

这时候，他们生命中最大的一个贵人出现了，这就是他们的中国同胞，足以和居里夫人相媲美的女性物理学家——吴健雄。很多科学爱好者都只知道居里夫人，却不知道吴健雄博士。她没有获得诺贝尔奖是多种偶然的原因造成的，但我可以很负责任地告诉你，吴健雄在物理学史上的地位是极高的，她是当时全世界最优秀的几位实验物理学家之一，有些书上甚至不加"之一"。李政道找到了吴健雄，在听完李、杨的说明后，她毅然放弃了和丈夫一起回国探亲的计划。她已经 20 年没有回国，本来连船票都买好了，佢是吴健雄却一头扎进了实验室，这一年的物理学界注定要掀起轩然大波。

有一位以毒舌著称的著名物理学家泡利在得知吴健雄正在做实验的消息后对朋友说："像吴健雄这么好的实验物理学家，应该找一些最重要的事去做，不应该在这种显而易见的事情上浪费时间。谁都知道，宇称一定是守恒的。"泡利甚至在写给韦斯科夫的一封信中说："我不相信上帝是一个没用的左撇子，我愿意打一个大赌，实验一定会给出一个守恒的结果。"而物理学家费曼也说："那是一个疯狂的实验，不要在那上面浪费时间。"他还建议以 1000：1 来赌这个实验绝不会成功。

吴健雄选择了李、杨论文中建议的一个实验，就是把元素钴 -60 的核冷却到接近绝对零度，这样原子的热震动基本就消除了，然后再用一个磁场使得这束原子核按照同一个方向自旋。如果宇称是守恒的，电子就会以相同的数量向两个方向飞出；如果宇称不守恒，那么一个方向上飞出的电子将会比另一个方向飞出的电子多一些。这样，对称性就破坏了。这个实验由于要用到极低温设备，哥伦比亚大学的实验室条件不够，吴健雄就与美国国家标准局合作，利用他们的实验室进行实验。

1957 年 1 月 9 日凌晨 2 点，吴健雄小组最后一次反复查证实验终于结束，尽管结果好多天前就已经知道，这次实验只是出于重大成果的极度谨慎需要。实验小组一共 5 个人，他们打开了事先准备好的法国葡萄酒，庆祝一项伟大的物理成就诞生了：弱相互作用下，宇称是不守恒的。

6 天后，哥伦比亚大学做了一件从无先例的事：为这件事情举行了一次新闻发布会。拉比教授在发布会上说：在某种意义上，一个相当完整的理论结构已从根本上被打碎，我们不知道这些碎片将来如何能再聚在一起。

没过多久，包括之前拒绝做实验、肠子都悔青的莱德曼和其他几个实验室的验证实验的结果也都相继出炉，以更加完美的实验数据验证了吴健雄的结果。整个物理学界轰动了，西桃之谜终于被解开了，这是一个无可比拟的、重大的革命性的进展。这个实验也被认为是继迈克尔逊 - 莫雷实验以后最重要的物理实验。当年的诺贝尔物理学奖也以火箭般的速度颁给了杨振宁和李政道，创下了诺贝尔奖历史上绝无仅有的当年出成果当年颁奖的传奇，即便是 2017 年的引力波获奖，那也是隔了一年。按理说，吴健雄也完全有资格获此殊荣，许多大科学家都公开表示了他们的失望和不以为然。例如 1988 年的诺贝尔奖得主物理学家史坦伯格就认为，那年诺贝尔奖没有同时颁给吴健雄，是诺贝尔委员会最大的失误。由于诺贝尔奖的颁奖甄选资料的保密期是 50 年，因此在 2006 年之前，这一直是个谜。后来文件都解密了，大家才知道真实的原因。因为吴健雄的实验也有美国国家标准局的另一位低温实验科学家安伯勒的功劳。但是诺贝尔奖的规则却是最多只能同时颁给三位科学家，这样一来，诺贝尔奖委员会就犯难了，如果只颁给吴健雄而不给安伯勒，也有失偏颇。最后权衡再三，只好将吴健雄的名字划去了。

到这里，本章一开始提出的那个问题就有了答案。现在我们可以对外星人说：听着，你们先制造一块磁铁，然后把线圈绕上去，让电流通过，随后取一些 27 号元素钴，把温度降低到尽可能接近绝对零度……（此处略去几百字专业性比较强的实验描述），好了，现在你们看到的电流流出的方向就是我们地球人所谓的左边。

上帝他老人家居然真的是一个左撇子，他偏爱左方。

科学再次向我们展现了它强大的自我纠错能力。那么，既然在弱相互作用下，宇称可以是不守恒的，有没有可能在电磁相互作用或者强相互作用下，宇称也不守恒呢？这是物理学家们自然而然冒出来的想法。一切只能以实验为最终判断依据。每一个物理实验都有精度的概念，这就好像我们平常说自己的身高是 170 厘米，那就表明这是在厘米级别的精度上，如果把精度再往前推一位，到了毫米级别，你就可能是 1703 毫米了。所以，当科学家们做了某个验证强相互作用下宇称守恒的实验，准确地说，是宇称守恒在某个精度下得到了验证，如果精度继续往前推进，那么实验就必须重新做。因此，我们可以宣布在弱相互作用下，宇称是百分之百不守恒的，但是我们却不能宣布，在强相互作用下，宇称是百分之一百守恒的，而且从逻辑上来说，永远不能这样宣布，原因就在于对精度的追求没有止境，至少从现在来看，还远远没有止境。这就是所有的科学理论有一个非常重要的特征，它是有适用范围的，任何一个科学理论只能说在某个适用范围内是正确的。但是这句话可能反过来理解会更加重要和有意义：当我们说推翻了一个现有的理论时，其实并不是说现有的理论错了，而只是将现有理论的适用范围框定在了某个精度之下。

如果未来有一天，科学家告诉我们现在的量子理论是错误的，能量守恒也是错误的，但是，那绝对不会导致我们今天在这些理论指导下发明的手机、电脑突然就不工作了。我想跟某些人说：对不起，在我们当前的适用范围中，这些理论会一直、永远正确下去。在相对论推翻牛顿力学的 100 年后，我们所有的航天发射依然只需要用到牛顿力学，科学精神让我们正确认识科学理论的错误。

几十年以来，一些物理学家认为在夸克和胶子构成的等离子体中，可能存在强相互作用下宇称不守恒的区域。为了验证这种猜想，过去 10 年，美国的相对论重离子对撞机的 STAR 合作组与欧洲核子研究中心的大型强子对撞机的 ALICE 合作组一直在做实验。结论是他们在极高的精度下未能观测到宇称不守恒，这条 20 世纪就建立起来的物理学家们的共同信念到今天依然是坚挺的。这个成果将有助于我们研究规范理论在相对论环境中的基本拓扑结构。新研究虽然向前推进了一步，但对强相互作用中宇称不守恒的搜寻仍将继续，而物理学的新发现也许就在眼前。

社会上对于杨振宁先生的误解实在是太多了，那些对杨振宁先生乱喷口水的人根本不知道他对人类的科学事业做出了多么巨大的贡献。泰勒把杨振宁誉为是继爱因斯坦和狄拉克之后建立一代风格的物理大师。这次介绍的只是杨振宁一生中众多成就中的一项，他还有很多了不起的成就。仅就物理学成就而言，他绝对是所有华人科学家中排名第一的。我自己常说，在谈论科学和科学家的时候，最好先把民族感情放在一边。杨先生过完了自己的 100 岁生日，我由衷地为杨先生祝福，希望您能一直活到人类攻克死亡的那一天。

经典物理学的最后一座堡垒——湍流

1966 年 3 月 5 日，日本羽田国际机场，一架波音 707 客机平稳地飞离了地面。这架飞机隶属于英国海外航空公司，航班号居然是 911 号。飞机起飞后不久，机长就很高兴地通知乘客："因为天气原因，空管局更改了本次航班的航路，我们将从富士山上空飞过，希望各位乘客不要错过从高空俯瞰富士山美景的机会。"机舱中传来了几声欢呼，要知道那时候坐飞机还是件很稀罕的事情，能在高空看到富士山，这对机上的 124 名乘客和机组人员来说，都是一次难得的机遇。

几分钟后，飞机就爬升到了 5000 米的高空，天空一片晴朗，美丽的富士山出现在了乘客的眼前，靠近过道的乘客纷纷把脖子伸向舷窗的方向。就在此时，飞机突然剧烈地颠簸了起来，这种颠簸的剧烈程度是有着 6 年驾龄、经验丰富的机长也从未遇到过的。坐在机尾的乘客透过舷窗惊恐地看到，飞机尾舵在猛烈的摇晃中居然咔地一声断裂了，然后迅速地砸向了飞机左侧的升降舵上，而升降舵也瞬间被砸断，两个重要的舵这就这么同时脱离了机身，瞬间消失在视野中。接着，更可怕的事情发生了，挂在机翼下面的四个引擎也在剧烈的摇晃中一个接一个地脱落，此时的飞机完全失去了控制，左摇右摆地朝地面栽下去，最终坠毁在地面，124 名机上人员全部遇难，无一幸免。

这架飞机到底遇到了什么？为什么在如此晴朗的空中居然会解体呢？这就是航空业的梦魇——晴空湍流。虽然，现在飞机的机身强度已经不大可能被湍流解体，但晴空湍流导致的飞行事故依然时有发生。比如，2015 年 8 月 11 日，一架海南航空的飞机由成都飞往北京的航班，在下降到 4200 米的高度时，遭遇强烈的晴空湍流。据机上乘客回忆，有的乘客没有系安全带，被直接弹到天花板上，把天花板都砸烂了，这次事故一共造成 30 人不同程度地受伤。根据国际航空运输协会的统计，在非致命的飞行事故中，晴空湍流是造成旅客和机组人员受伤的最大原因。

可能很多人就会想，现在的科技这么发达，难道就不能提前预知航行前方有晴空湍流从而避开吗？会不会有人看了我的文章，以后飞机都不敢坐了？这个事情，目前还真的是没有办法。这就是本章要讲的主题——湍流。

英国著名的流体力学家贺拉斯·兰姆爵士（Horace Lamb）说过一句在湍流研究界被广为流传的话："当我见到上帝后，我一定要问他两个问题，一个关于量子力学，另一个关于湍流。我相信，上帝大概也只能回答前一个问题。"

物理学家费曼则在 1963 年的一篇文章中写道：

"最后，有一个物理问题在许多领域都很常见，它很古老，但却没有得到解决。它不是关于寻找新的基本粒子的问题，而是 100 多年前遗留下来的东西。尽管在科学上这个问题很重要，但物理领域还没人能够对其给出令人满意的数学分析。这个问题就是对于湍流的解析。"

那么，我们先来了解一下什么是湍流。

牛顿时代的科学家们在细心观察流体运动时，很快就注意到了一个很特别的现象：当水流遇到障碍时，就会形成无数个大小不一的漩涡，这些漩涡不断地消失又形成，流体的运动变得极为复杂多变。科学家们把这种极为复杂的流体运动称之为"湍流"。与之相对的概念是"层流"。那么，在什么情况下，层流会变成湍流呢？

让流体往前流动的力量我们称为惯性力，而阻止流体往前流动的力量，我们称为黏性力。1883 年，英国物理学家奥斯鲍恩·雷诺做出了一个重要发现。实验表明，当流体的惯性力和黏性力的比值超过2300时，层流就会变成湍流。这个比值被学术界称为雷诺数。

实际上，在大自然中，湍流是比层流更常见的现象。可以说，湍流无处不在。在小溪沟中，你到处可见那些白花花的流水。在那些白花花的流水中，有无数个小漩涡在打转，很多时候，当一片流动的水遇到一个小小的障碍物后，就会变得白花花的，从层流变为湍流。气体的湍流现象也随处可见，如果我们观察一炷香冒出的白烟，你会看到，白烟刚开始的时候是柱状的，上升到一定高度，烟就开始变得不稳定，形成了湍流。实际上，从总体上来看，地球的整个大气层就是一个湍流系统。而木星表面那些斑点其实就是一个个的气体漩涡，整个木星表面也是一个典型的湍流系统。

物理学家们早就观察到，当流速很小时，流体是分层流动，互不混合，称为层流，或称为片流；逐渐增加流速，流体的流线开始出现波状的摆动，摆动的频率及振幅随流速的增加而增加，此种流况称为过渡流；当流速增加到很大时，流线不再清楚可辨，流场中有许多小漩涡，这个转变过程被称为"转捩"，从层流转变为湍流。从各个尺度上看，湍流是一种时间上无序但统计上又存在一定规律的运动。

所谓的湍流问题，就是对流体的整个过程进行数学建模，从而使得人类能够准确地知道湍流的成因以及预测它的走向，通俗地讲就是：如果给定初始条件，我们是否能算出湍流是怎么发生的、何时发生、发生的规模有多大、何时结束等等。

这个问题显然是一个极为困难的问题，它吸引了众多物理学家。1827 年，法国物理学家克劳德 - 路易·纳维（Claude-Louis Navier）率先找到了解决问题的突破口。1845 年，爱尔兰物理学家乔治·加布里埃尔·斯托克斯（George Gabriel Stokes）又取得重大进展。这两位物理学家共同的研究成果被学术界称为纳维 - 斯托克斯方程。然而，这个方程并不是湍流研究的终点，而是湍流研究的起点。

这个方程的表达方式我就不写了，普通人其实没必要擤那么精通。我们只需要知道，这个方程是非线性的，所谓非线性就是因变量与自变量之间的关系不是线性关系，画出来的函数图不可能用直线来表达。非线性方程一般都很难求出精确解，只能求出近似解。而这个NS 方程就更难解了，在多数情况下，它的解是不稳定的。

打个比方来说，这有点儿像下围棋，我们清楚地知道全部的游戏规则，但想要判断每一步有没有最优下法，却极其困难。彻底解开这个方程中隐藏的奥秘，是几代数学家和物理学家的共同梦想。中国科学家周培源先生在 20 世纪 50 年代，开创性地提出了"先求解后平均"的解题思想，被誉为湍流模式理论之父，也是世界湍流研究的四大导师之一。

著名的克雷数学研究所选定的 7 个千年大奖问题，其中之一就是：纳维 - 斯托克斯方程是否存在唯一解。谁能用数学证明它，谁就能获得 100 万美元的奖金。

我用一个类比来帮助你理解这个问题的实质。一个小球从高处掉落，决定这个小球掉落位置的也是一个数学方程，它有唯一解，意思就是，只要初始条件一样，掉落的位置也完全一样。而如果这个方程没有唯一解，就意味着，哪怕初始条件完全一样，小球的掉落位置每次都有可能不一样。

但直接求解 NS 方程太困难了，所以工程师和科学家们通常采用一些简化的理论模型或者求助于数值模拟的方法来预测流体的运动。

如果你对求解数学方程式比较熟悉，可能会想：现在不是有了大型计算机了嘛，如果方程没有解析解，那么我们可以用计算机来找到一个个的特解，对 NS 方程进行数值模拟。这就好像有一把锁，我把能开这把锁的所有可能的钥匙全给做出来，然后一个个地去试，我不用去搞懂这中间的原理，反正试出来一个算一个。这个想法当然没错，实际上我们现在为了得到更好的飞机或者舰船的流体动力外形，就是不断地做试验，积累数据，然后不断地去修正，这在工程数学上叫拟合，这是没办法的办法。但是，湍流问题还是比我们想象得要复杂太多，如果要用这种办法来求出飞机和舰船的完整流场，包括它们边界层中的湍流，那么计算机的速度和存储容量至少要比现在的巨型计算机再提高 2 个数量级，也就是 100 多倍才行。目前来说，还很不现实。

用庄逢甘院士的话来说：湍流是我国航空航天的"卡脖子"问题，本质上是湍流结构问题。

虽然这是一个如此古老而又重要的问题，但是由于它显而易见的难度，使得很多物理学家们都不敢轻易地触碰这个难题。我在网站上就看到有物理专业人士回答"为什么研究湍流的科学家这么少"时说："不能说物理学家不感兴趣，而是实在太难突破了。特别是涉及湍流燃烧就更为复杂了。因此专门研究湍流理论的物理学家也就少了，想想如果一辈子出不了成果，怎么养家糊口呢？"另外一个用户评论说："虽然是物理问题，但是会引起很多生理问题和心理问题。"又有一个人评论说："除非有个天才突然找到突破口，那湍流才会又成为理论物理研究的热点问题。"这个评论的发表时间是 2017 年的 3 月 19 日。

2017 年 7 月，中国国家自然科学基金委"湍流结构的生成演化及作用机理重大研究计划"正式立项。中国科学家以组队的方式向这个世纪难题——湍流之谜——发起了挑战。这个项目的参与成员包括中科院力学所、清华大学、北京大学、中国科技大学等科研单位和高校，由陈十一院士领衔。国家计划每年投入上亿的资金，用于攻克这个世纪难题。

湍流之谜是经典物理学皇冠上的明珠，是无数物理学家心目中的圣杯。曾经，一个物理学家可以单枪匹马，仅凭一支笔或者一间简陋的实验室，就能做出划时代的伟大发现。然而，那样的黄金年代已经一去不复返。今天的物理学，已经进入到一个大科学时代。攻克一个物理难题，就像完成一项超级工程，不仅需要一流的科学家团队，还需要强大的工业制造能力。破解湍流之谜，就像是一场持续了2个世纪的的接力赛，年轻的科学家们从前辈的手中接过交接棒，继续奔跑，跑着跑着，他们的头发也白了，但总有年轻人等在前面接棒，继续奔跑。如果此时此刻，你是一位年轻的学子，请接受我对你的羡慕。因为你有机会亲身参与到这场破解世纪谜题的伟大探索中，而我，只能静静地等待，但我会和很多人一道，为你们起立、鼓掌、喝彩。我相信，在我的有生之年，能够等到湍流之谜被彻底揭开的一天。

中微子能带来下一场物理革命吗？

粒子标准模型是目前人类描述基本粒子的一种最佳理论模型，但是几乎所有的科学家都认为这个模型一点儿也不优美，它肯定是另外一种优美的理论模型的近似而已。物理学差不多已经有 100 年没有革命性的进展了，科学家们都在渴望着下一场物理学革命。在欧洲，全世界最大的粒子加速器屹立在日内瓦，欧洲核子研究中心的几千名科学家都把这场革命的重心放在了希格斯粒子上。而在美国，一项耗资 15 亿美金的超级工程正在全力推进，这就是深地中微子实验，简称为 "DUNE" 在 2020 后开始收集数据，有 1000 多名来自全世界的科学家共同完成这个地球上最大的中微子实验，他们把下一场物理学革命的重心放在了中微子上。

中微子到底是什么？为什么说它有望带来下一场物理学革命呢？让我们先回到激动人心的 20 世纪上半叶。

那是一个科学大革命的时代。爱因斯坦几乎凭借一己之力撑起了相对论的半壁江山。量子力学的天空更是群星璀璨，包括玻尔、玻恩、薛定谔这些宗师以及泡利、海森堡、狄拉克等一大群"物理学男孩"。相对论和量子力学的横空出世，唤起了科学革命情结。

爱因斯坦的相对论推翻了牛顿的绝对时空观，普朗克的量子假设推翻了能量均分原理，也就是说两场革命都建立在推翻了过去的基本公理的基础之上。所以那个时代的科学家，在研究遇到一系列困难的时候，往往倾向于再掀起一场革命，或者对着某个基本公理开刀。作为量子论中军主将的玻尔，时不时就犯这个毛病。

1924 年，玻尔拉着克喇摩斯和斯莱特联合发表了一篇论文，提出了所谓的 BKS 理论，以三人名字的首字母命名。玻尔提出，放弃基元过程中的能量动量守恒，而将之弱化为一个统计性的定律或许就能将刚刚建立不久的光量子假设给扔掉，让物理学回归经典。不过当时他们并没有给出该理论的定量计算，只有定性描述，因此，准确地说也只能算一个研究计划，还不能称其为理论。我一再地告诉大家，科学理论与哲学观点的最大区别在于，科学需要定性定量，而哲学只有定性没有定量。

玻尔凭借着自己的威望和相当强大的游说能力，说服了物理学界的一个个台柱子。海森堡本来心里犯嘀咕，总觉得对这几个守恒定律下手不太厚道。但是架不住玻尔一顿洗脑，稀里糊涂地就同意了玻尔的观点。他顺便还把这个理论推销给了波恩，波恩一时糊涂，也就同意了他们的观点。薛定谔大体上也不反对这个理论。

泡利本来号称"物理学的良心""上帝之鞭"，就好比戏台上怀抱金锏的八王千岁，上打昏君，下打群臣。发现理论瑕疵，立刻火力全开，绝不放过。但是这一回泡利也失灵了。他到访哥本哈根以后，也被玻尔搞得晕头转向。可见玻尔在物理学界气场有多强大。

不过，泡利离开了哥本哈根，脑袋立刻就凉快下来了。他还是觉得 BKS 理论不靠谱。泰斗爱因斯坦显然清醒得多，他非常坚决地反对这个理论。不久以后，随着玻特和盖革更加精确的实验结果一公布，玻尔他们三个不得不乖乖投降，事实证明他们错了。泡利由此接受了教训，谁都会犯错误的，玻尔也不例外，下次千万不能被忽悠了。

尽管玻尔灰溜溜地承认了 BKS 理论的错误，但是他对能量守恒定律开刀的心依然不死。他又换了一个主攻方向，那就是当时还没有解决的 β 衰变问题。

1914 年，查德威克证明了，α 射线和 γ 射线的能谱都是不连续的，是分立的，奇怪的是 β 衰变的能谱却是连续的。连续谱就意味着，β衰变放出来的电子，什么能级的都有，不存在断档的情况。再计算一下衰变前和衰变后的原子核的能量差竟然发现，能量平白无故地少了一份，这一份能量哪里去了？而α衰变和γ衰变，都是严丝合缝的完全相等，并没有少掉一块能量，为什么偏偏β衰变会少掉能量呢？

玻尔心头又是一痒，他总觉得能量守恒有可能在β衰变问题上是不适用的。当然，这次他学乖了，没把握的情况下不能大张旗鼓嚷得谁都知道，万一错了丢不起那个脸。1929年，他先写了一篇短文，题目叫作"β射线谱和能量守恒"，寄给了泡利。泡利一看这篇文章，顿觉一只乌鸦从头顶飞过：玻尔老师又想打破能量守恒了，您还是饶了这可怜的能量守恒吧，为什么三番五次要对这个宇宙间最基本的法则下手呢，难道是革命上瘾了！

泡利的回信以他的标准来衡量，算是委婉客气的，他建议"让这篇短文先休息一长段时间，并让星星安静地照耀它吧"。说白了就是劝玻尔放弃。玻尔倒是没发表那篇短文，但是，此后玻尔在大大小小各种场合不止一次表示过能量和动量守恒可能在某种情况下不成立，说到底那时候的玻尔并没有死心。

最后的问题还要泡利自己来解决。1930年，泡利提出了一个理论，他说β衰变每发射一个电子，必定跟随着一个自旋1/2的中性粒子，这个家伙与电子的能量之和是一个常数，这样就可以解释β辐射的连续谱现象了。简单来说，泡利的意思是："不是少了一份能量吗？简单啊，我们再假想一种带能量的粒子出来补偿一下不就平衡了嘛。这个粒子是不带电的，而且非常微小，速度肯定不是光速，关键是穿透力极强。很难抓住这个粒子。"泡利本人也说："我做了一件很可怕的事情，我预言了一个无法探测的粒子的存在。"

泡利本来起名字叫"中子"，但是与查德威克发现的原子核里的"中子"命名冲突了。费米小组的物理学家篷捷科尔沃建议改名为"中微子"，有些书上也翻译为"微中子"，大家都接受了。很长时间内，大家都对这个东西将信将疑，因为按照当时的理论和实验条件，这玩意儿是观察不到的，但是意大利的费米马上接受了这个概念，他认为泡利是对的。

　　基于泡利的假设以及当时刚刚发展起来的原子核理论与量子场论，费米在1933年底建立了描述β衰变的有效理论。费米真是不可多得的天才，这是他对理论物理最杰出的贡献，因为他引领了全世界科学家对原子核衰变的研究，最终建立了标准弱相互作用理论，在这个理论中，中微子是必然产生的一种基本粒子，没它不行。这个贡献怎么评价都不过分，但是这都是事后我们回过头去评价这件事儿，当年人们并不太关注这种虚无缥缈的东西。例如，当年《自然》杂志的编辑一点都不客气，他们拒绝了费米关于β衰变的论文。编辑们认为这不过是一些远离物理现实的猜想。

　　费米的一个学生马约拉纳认为，虽然中微子的自旋也是1／2，但是这种粒子恐怕与那些带电的自旋为1／2的粒子不太一样。那种粒子被称为"狄拉克粒子"，狄拉克算出了反粒子。但是马约拉纳认为，中微子这种粒子，反粒子就是它自己。到底中微子是狄拉克类型还是马约拉纳类型，至今没法确定。此后，前途无量的马约拉纳就失踪了，活不见人，死不见尸。留下的信息也是互相矛盾的，这也不由得引人遐想连篇。一个青年天才究竟到哪去了？再也没人知道。几十年来不断有人宣称在偏僻的角落遇到过马约拉纳，有人说20世纪60年代初，他经常在智利的一个小酒馆里吃饭，还在餐巾纸上演算数学问题，更离奇的是有人说他被外星人劫持了……总之这类传言没有哪个是靠谱的。时至今日，意大利人也没有忘记他。他仍然活在意大利人的心中，有的人死了，他仍然活着⋯⋯

自从费米的理论提出后，寻找中微子就成为物理学界非常热门的运动项目。1938—1939 年，克兰和哈尔彭用云室观察放射性元素氯 38 核的 β 衰变。通过观察电子在磁场中的偏转和核反冲的径迹，估算原子核的能量和动量，数据表明在衰变中存在第三个粒子。想来这第三个粒子就是中微子，这可以算是一个比较粗略的反推。

接下来的一个重大贡献是咱们中国人做出来的，现在想来那真是一个奇迹。1940 年，当时的中国正在和日本血战，浙江大学辗转搬迁到了贵州的遵义，王淦昌当时是浙大物理系的教授。如果你不知道这个名字，请一定要记住，作为科学爱好者，你不能只知道杨振宁、李政道、钱学森，还必须知道王淦昌。他早年留学德国，到柏林大学威廉皇帝化学研究所读研究生，他的导师就是著名的女物理学家丽泽·迈特纳。对于克兰和哈尔彭的实验，他非常关注，他认为这两位用的办法应该是不够的。

王淦昌提出一个新的办法，那就是利用 β 放射性原子核俘获一个外部电子，会导致一个质子变成中子，而且会放出一个中微子。这东西只发射中微子，不放出别的东西，那么测量一下原子核的反冲，就能判断出中微子的能量和动量。他还建议用铍 7 来做这个实验，铍 7 通过 K 层电子俘获就会变成锂 7。

1941 年，在偏僻的遵义，王淦昌向美国的《物理评论》寄出了一篇论文，题目是《关于探测中微子的一个建议》，因此，大家不要以为那个年代中国没有人研究前沿的物理学。1942 年，文章被刊登出来了，艾伦（R.Davis）看到以后就按照王淦昌的方案测量了锂 7 的反冲能量，取得了一些初步的结果，一直到 1952 年，这个实验才最终做成，大家获得的数据与王淦昌预计的很接近。王淦昌对中微子的探测做出了非常重要的贡献。但这毕竟还不是直接探测到中微子。

第二次世界大战，大家无心研究基础科学。要么国土沦丧，生灵涂炭，没有力量来做复杂的实验，要么调动起一切力量为战争服务，对其他不着边的事情漠不关心。等到战争结束以后，休养生息慢慢恢复了元气，大家的兴趣点才再一次转回到了基础理论方面。原子弹这种大工程也带出来一帮子操控大型装置的行家里手。以原子弹工程为分水岭，物理学走进了大科学工程的时代。过去汤姆孙和卢瑟福要求学生们自己动手制造实验仪器。电子、质子、中子都是在那种相对寒酸的实验室里发现的，但是那种实验室根本就别想直接看到中微子。

怎么办呢？科学家里面也不乏异想天开之人，莱茵斯提出了一个办法——在原子弹爆炸现场附近放置一个探测器。但是这个方案显然实施起来难度太大，有点作死的感觉。于是莱茵斯转向了一个"温和"的中微子源，那就是核反应堆。原子弹工程也为探测中微子提供了意想不到的便利，美国可是造了不少核反应堆。

1956 年，莱因斯和柯温终于直接探测到了反应堆发出的中微子，从实验上确认了中微子的存在，证实了泡利提出的中微子假说。至此，从提出到最终证实，26 年过去了，中微子也就坐实了。然而，随着物理学的不断发展，科学家们发现，中微子简直就是整个标准粒子模型中的一个妖孽啊。此话怎讲？因为，按照标准粒子模型的预言，中微子不应该有质量，但是 2002 年日本和加拿大的两个实验室都发现了中微子具有极其微小的质量，不但有质量，质量还会忽大忽小，所以说它是妖孽啊。

自从人类在实验室中直接探测到了中微子以来，这种基本粒子就不断地向科学家们展示出意想不到的奇怪行为。

中微子在与探测器中的原子相互作月时，会产生出三种不同的轻子，分别是电子、μ 子和 τ 子，因此物理学家认为中微子也有三种类型，并把这三种不同的中微子称为中微子的三种不同味道，当然，这不是它们真正有什么味道，只是个叫法。奇怪的是，这三种味道是可以相互变换的。它们可能以一种味道的身份离开一个探测器，而以另一种味道的身份到达另一个探测器。20 世纪 60 年代，科学家开始研究来自太阳的中微子流，但他们探测到的中微子只有理论预期值的三分之一。后来的研究发现，这丢失的三分之二电子中微子在飞到地球的过程中竟然神奇地转变成了 μ 和 τ 中微子，而实验仪器被设计成只能探测电子中微子，所以一开始科学家们以为中微子丢失了。尽管这个发现解决了太阳中微子疑难，但马上又给科学家们带去了另外一个更大的困惑：这一切是怎么发生的呢？想来想去，从理论上，似乎唯一可以让中微子变换味道的途径是拥有质量。但问题是，标准粒子模型却预言中微子没有质量。如果中微子确实有质量，那么标准粒子模型就肯定出了问题。

加拿大有一个萨德伯里中微子天文台，日本有一个超级神冈探测器，这两个实验室都是探测中微子的神器。在 2002 年前后，这两个实验室都宣布，中微子确实拥有质量，只是非常微小，大约只有电子的百万分之一到十万分之一。这两个实验室的研究负责人因此获得了 2015 年的诺贝尔物理学奖。

2012 年，中国的大亚湾中微子实验国际合作组也做出了一项世界级的成就，证实了中微子的最后一种震荡类型。这也是诺奖级的成就，不过日本人和加拿大人一直等了十多年才获得诺贝尔奖，我们也需要点耐心。诺贝尔奖的评审周期一向是以慢出名的。

就物理学家所知，中微子是唯一有转变身份这种奇怪行为的粒子。更加奇妙的是，进一步的研究发现，每种味道的中微子并不具有确定的质量，而是三种可能质量的混合，是的，又是叠加态，量子力学就是这么奇怪。目前的理论对于中微子的震荡原理是这样解释的：当中微子在空间中飞行的时候，每种质量态成分的传播速度会稍有不同，这是爱因斯坦狭义相对论的推论。随着时间推移，速度的差异会导致每个中微子的质量混合方式发生变化，促使一个对应于某种特定质量混合方式的粒子，例如 μ 中微子，演变成一个电子中微子或 τ 中微子。量子力学和相对论在这个问题上算是来了一次联手办案。但这还只是处于假说状态，我们对于其中的细节还知之甚少。

现在，科学家们最想搞清楚的问题是这三种中微子质量态的精确数值。根据现在的理论，三种质量态的顺序要么是两个非常轻而另一个重，这被称为正质量等级；要么是两个重而另一个较轻，这被称为反质量等级。一旦知道了中微子的质量顺序，下一个更大的问题就是研究中微子如何获得质量。

根据现在的标准粒子模型，大多数粒子，例如原子中的质子和中子，都是通过与希格斯场相互作用来获得质量。希格斯场是弥漫于整个宇宙空间的场，当然这是比较科普型的说法，忽略了很多理论细节，实际上质子与中子的质量并不完全来自希格斯场，也有夸克与胶子相互作用的贡献，这些细节我们先不用去管。这里有一个理论细节需要大家注意，对于中微子这样的费米子来说，希格斯机制只适用于左手性和右手性都存在的粒子。

什么是手性呢？它是关于粒子自旋在运动方向上投影的基本物理量，这个概念比较难懂，我们可以囫囵吞枣，假装自己理解了。到目前为止，科学家们观测到的中微子都是左手性的。如果它们通过希格斯场获得质量，那么右手性中微子也必须存在。不过，还从未有人观测到右手性中微子，这可能意味着，如果它们真的存在，那么它们根本不和自然界中任何已知的力或粒子相互作用。是不是听着有点儿耳熟？这不就是对暗物质的定义嘛。是的，这种中微子确实就是对暗物质的某一种猜想。

但是，这种解释被一些物理学家认为太过牵强。此外，如果希格斯场确实也作用于中微子，理论物理学家相信，它们应该和其他已知粒子的质量相近。然而中微子轻得令人难以置信。正因为这样，大多数物理学家不认为是希格斯机制赋予了中微子质量。他们认为还存在一种与希格斯机制完全不同的机制，因此也存在与这种新机制相关的新粒子。

还有另外一种让物理学家们感到兴奋的解释，那就是之前我们提到的那个马约拉纳，他预言说中微子的反粒子就是自身，它们是一种马约拉纳费米子。这里插一句，就在 2017 年 7 月，来自中美两国的华裔科学家通力合作，在《科学》杂志上发表了一项重大的发现，找到了一种马约拉纳费米子，这种粒子被命名为"天使粒子"，前段时间刷爆了朋友圈。这是在马约拉纳做出预言后的首次发现，半个世纪已然过去。这次重大发现也让更多的物理学家相信，中微子很可能就是一种马约拉纳费米子，它可以不通过希格斯场来获得质量，也许是通过一种新的、未知的场。背后的计算表明，这个图景需要存在一些尚未发现的、非常重的中微子，比现有已知最重的粒子还重 1 万亿倍，从某种意义上与轻的中微子相平衡。而这种非常重的中微子，很可能就是当今物理学中最神秘的暗物质。

到这里，我想你应该大致理解了为什么科学家们要把宝压在深地中微子实验上，它的前景实在是诱人，有望一石二鸟，不但突破标准模型，还能发现暗物质。但是，人人都知道，中微子是出了名的难以探测，地球面向太阳的一面，每平方厘米每秒钟都会遭到 650 亿个中微子的轰击，然而这些中微子几乎全部穿过地球，而不与地球发生任何反应。日本的超级神冈探测器是一个巨大的圆柱体水箱，直径将近34 米，高度超过 36 米，相当于把十几栋 12 层大楼给捆起来，就这么一个庞然大物，也只不过能时不时地产生一点中微子和原子核相撞的亮光。

那在美国搞的这个深地中微子实验到底是啥样呢？其实这个项目并不是美国人自己投资的，而是欧洲核子研究中心在欧洲大陆之外投资的第一个项目。这个实验大致是这样：首先，在位于伊利诺伊州巴达维亚的费米国家加速器实验室的地下，加速器将加速质子，然后用它们轰击石墨靶来生成史上最强的中微子粒子束流。这些中微子接下来将在地球中穿行 1300 千米，从伊利诺伊州到南达科他州，相当于从上海到北京的高速公路距离。在南达科他州的实验室则负责收集这束中微子流。

实验的核心将是安装在南达科他州桑福德地下研究设施的远点探测器。这个装置由四个探测模块组成，每个都像奥运场馆的标准泳池一样长，但深度是其 6 倍，每个模块都将装入 1.7 万吨的液氩。当中微子碰撞上探测器里的氩原子核时，它将依照味道不同而变为电子、μ 子或 τ 子。μ 子会笔直地穿过液氩，在飞行过程中不停地从氩原子里撞出电子，留下一串电子构成的轨迹，可被探测器观测到。另一方面，如果中微子产生的是电子，则会诱发产生一个光子，光子随后产生两个电子，然后又产生更多的光子，如此继续下去，滚雪球般生成大量的新粒子。同样地，τ 中微子将产生 τ 子，不过这需要入射中微子有足够大的能量，因为 τ 子比电子和 μ 子重得多，要消耗更多的能量才能产生。费米实验室副主任约瑟夫·吕肯（Joseph Lykken）说：这些探测器，有点像一旦启动了就不能再停止或者拆开来修理的太空任务，一旦你灌入了 1.7 万吨的液氩，就很难再取出来了。

　　这个超级工程将耗资 15 亿美金，计划 2020 年开始收集数据，并持续运行至少 20 年，为这个项目工作的科研人员将超过 1000 名。这将是我们这个星球上最大规模的中微子探测实验。不过，这个项目想要取得成功，还有很多政治和经济的问题要克服，这种超大投资的科学工程在历史上黄掉的太多了，我在这里预祝他们好运。

　　深地中微子实验的目标是通过查看中微子从伊利诺伊到南达科他的过程中有多少发生了振荡，从而确定中微子不同质量态的大小关系。虽然实验不会直接检验中微子是否为马约拉纳粒子，但通过测量质量等级，它可以帮助科学家理解其他实验的结果，日本、欧洲、美国和其他地方目前都在进行各种不同的实验。此外，实验还可以提供中微子振荡时质量态组合变换方式的细节，能帮助我们阐明中微子质量的起源。

　　探索中微子的古怪行为也有助于解决宇宙的物质组成之谜，那就是为什么宇宙由物质组成而不是反物质？宇宙学家预言，物质和反物质在大爆炸之后应该是等量的。由于某种未知的原因，大部分物质与反物质相互湮灭后，还有一小部分多余的物质剩了下来。这些物质组成了我们今天看到的星系、恒星和行星。但问题就在于这多出来的一小部分物质到底是怎样形成的？为什么正物质会比反物质多这么一点点呢？我们这里用到的大小多少的数量词与我们日常生活中的经验，那可是完全不同。我们现在是站在上帝视角来看问题，全宇宙的物质在上帝看来，就是一点点正物质。

　　为了探究正、反物质不对称的原因，科学家在寻找一类粒子，它们的行为与自身的反粒子不一样。而很多线索，包括其他实验看到的迹象，都指向中微子。深地中微子实验将寻找宇称守恒被破坏的信号，换句话说，就是寻找反中微子在不同味道之间振荡的速度与中微子存在差异的证据。例如，理论计算表明，我们也许会看到反物质 μ 中微子转换到电子中微子的速度与正物质不同，两者的具体比值可能是 0.5—2 的某个数字，或许可以解释为什么物质在最早的生存战斗中获胜。

另外，这个实验也可以判定中微子是只有三种味道，还是像某些理论推测的那样，还有更多待发现的味道。这些额外的中微子是所谓的惰性中微子，因为它们完全不与普通物质相互作用。早期的实验，例如洛斯阿拉莫斯国家实验室的液闪中微子探测器实验（LSND）和费米实验室的迷你加速器中微子实验（MiniBooNE）都看到了一些信号，显示有额外类型的中微子干扰了振荡，表明惰性中微子可能存在，并且质量比常规的三种更大，但这些信号都不够确定，无法给出定论。这些疑团都有望通过深地中微子实验来找到答案。

到这里，我担心你是不是快睡着了，因为出现了太多不明觉厉的名词和术语。说实话，我跟你一样，也是不太明白，但是觉得很厉害。归根结底，沉寂了几十年的量子物理学，实在太需要一次革命性的突破了。位于欧洲的大型强子对撞机和美国的深地中微子实验是目前人类的两个希望。基础物理学已经进入到了一个大科学工程的时代，突破性的进展再也不可能像 100 年前那样靠纸笔和一些简陋的实验设备，几个青年才俊单枪匹马就能做出来。物理学突破性的进展基本上都是要靠不计其数的金钱堆出来的，用讲段子的方式来说：现在搞个物理学研究，没有几亿美金，几百人的科研团队，你都不好意思跟人打招呼。就是这么夸张。

而人类只有在基础物理学上取得突破，才能在技术应用上产生大的飞跃。在很多技术应用领域，我们都快要接近工程上的极限了，例如电子计算机、化学火箭、发电机，甚至是蓄电池等。人类焦灼的眼神期待着基础理论的突破，我们这一代人似乎已经站在了这场革命的边缘，有望看到这场发生在粒子物理学中的革命。除了努力，我们也需要一点好运气。祝科学家们和所有的科学爱好者们好运！

本章资料主要来源：

1.《中微子研究的历史与未来》（曹骏，中国科学院高能物理研究所）

2.《揭开中微子面纱的理论物理学家》（邢志忠，《现代物理知识》，P.16）

3.《玻尔的错误》（卢昌海，http://www.changhai.org/articles/science/misc/BohrMistake.php ）

宇宙学对撞机

宇宙学对撞机是一个比较新的概念，2014 年才第一次由两位物理学家共同提出，一位是具有加拿大和美国双重国籍的理论物理学家，看了名字大家不要笑，他叫尼马·阿尔卡尼 - 哈米德（Nima Arkani-Hamed），另一位是阿根廷籍的物理学家胡安·马尔达西那（Juan Maldacena）。宇宙学对撞机的想法非常宏大和科幻，它是将整个宇宙看成是一个硕大的高能粒子物理实验室。这是目前最前沿的研究领域，而且它的特别之处在于，这个设想将高能物理学和宇宙学整合了起来。宇宙学家研究的对象是科学中最宏大的，而高能物理学家则研究科学中最微小的对象。现在，极大和极小在宇宙学对撞机上交融在一起了，这不禁令人想到古埃及的那条著名怪蛇，乌洛波洛斯，就是那条自己吞食自己的怪蛇，科学研究的对象兜了一圈，全部融合在了一起，听上去好哲学啊。但是，物理学家们到底是怎么做到的呢？咱们先从最浅的地方开始说起。

我们先来了解一下粒子对撞机的原理。粒子对撞机是现代高能物理研究中必不可少的实验设备，如果大家看刘慈欣的小说《三体》，应该对这种机器有很深的印象，智子锁死了粒子加速器，就等于锁死了人类的科学，这种说法不夸张。人类的科学研究已经深入到了微观层面，弄清楚物质的基本构成，以及这些基本构成的性质，是我们认识自然规律的基础。试想一下，如果我们连这个世界是由什么样的东西组成的都搞不清，又如何去真正搞清世界运行的根本规律呢。

其实，科学家们研究物质构成的方式与一个孩子研究玩具的方式挺相似的，就是一个字——"拆"——你不拆开怎么知道它是如何工作的呢？但是，我们用榔头和碾子最多只能把物体拆到分子层面，用化学的方法可以把物质拆到原子的层面，但是要想把原子，甚至是比原子更小的基本粒子给敲开，那就只能用粒子对撞机了。粒子对撞机的工作原理往简单了说可以很简单，就是把粒子在一个环形的电磁场轨道中一圈一圈地加速到接近光速，然后设法让它们迎头相撞，这样一来，就有可能把粒子拆开，让组成粒子的零件暴露出来。但是，如果往复杂了说，那又是极其复杂的。

因为粒子极其微小，想要让这么小的两个粒子相撞，那就只有一个办法，同时加速几亿个粒子，这样才能确保总有那么几个粒子能撞上。这就好像在一场暴雨中，只有那么几滴雨滴是带颜色的，探测器想要捕捉到它们，是对工程技术的巨大挑战。但是，与大多数人想象的不同，对撞机中的探测器其实绝大多数情况下并不能直接探测到被撞出来的新粒子，因为这些新粒子的寿命极短，短到什么程度呢？例如，我们在"上帝是左撇子吗？"那一章中反复讲到的 τ 子的平均寿命只有 10^{-12} 秒，用转瞬即逝来形容都实在太慢了。但这还不算是短的，W 和 Z 玻色子的平均寿命只有 10^{-25} 秒，以我有限的理解能力，要理解这么短暂的时间是做不到的。所以，当粒子在加速器中对撞，产生出的新粒子根本来不及进入探测器中，就已经衰变了。

我再来举个例子，著名的上帝粒子，也就是希格斯玻色子，是在 2012 年被欧洲核子中心宣布找到的。科学家们其实并不是直接探测到了上帝粒子，因为上帝粒子的平均寿命只有短暂的 10^{-22} 秒，这点时间根本不够探测器捕捉到它。那怎么办呢？实际上，粒子探测器记录的信号，是来自上帝粒子衰变后的产物。根据标准模型的预言，希格斯粒子一产生，就会衰变为一对稳定的正负电子和长寿命的正负 μ 子。科学家们通过测量这些粒子间的关联，从而间接地推测出了上帝粒子的出现。

好了，讲了那么多关于对撞机的基础知识，关键是想让你记住一点，那就是，和大多数人以为的不同，对撞机也并不能直接探测到标准模型中那些寿命极短的粒子。有了这个概念，我们就能继续往下讲什么是宇宙学对撞机了。如何才能将整个宇宙看成是一个硕大无比的对撞机呢？我需要分解成几步帮助你理解。

首先，目前解释宇宙起源的最佳理论就是暴胀理论。这种理论说，宇宙在出现的最初一瞬间，曾经历过一段短暂而疯狂的指数式膨胀，叫作"暴胀"。在这段时间内，宇宙的"温度"可能高达千亿亿亿摄氏度，其中蕴含的能量比如今人类在大型强子对撞机（LHC）中创造的最高能量还要高百亿倍。这就是138亿年前的超级对撞机。根据量子力学的不确定性原理，时空本身存在一种扰动，在宇宙学中，这种扰动被称为"量子涨落"；紧接着，暴胀开始了，这种量子涨落被快速地膨胀迅速放大，最终为物质成团结块、恒星聚集成星系创造了初始条件，所以，这些量子涨落就被称为"原初涨落"。也就是说，没有原初涨落，就不会有以后的星系、恒星，当然也不可能会有地球和生命。

物质涨落的演化史，就是一部物质运动与时空几何交互影响的历史。玻尔兹曼方程决定了物质团块在弯曲时空中如何各自漫游、相互冲撞，而爱因斯坦场方程决定了物质的分布如何扭曲时空的几何。所以，从理论上来说，只要我们能知道物质涨落的所有初始参数，原则上就可以利用计算机来模拟宇宙任何时刻的模样，然后我们可以用今天实际的天文观测结果与模拟的结果比对，从而又反过来帮助我们确定最初的那些参数设定得到底对不对。所以，这里的关键问题就是要对今天宇宙中的物质分布的涨落做出精确的观测。天文学家又是怎么观测的呢？

他们想出了很多招数。其中，最直接的办法或许是尽可能地搜寻漫布天空中的星系，为它们绘制三维地图。在宇宙学中，这幅地图被称为"大尺度结构"。还有另一种非常有效的办法，是观测宇宙从炽热发光的童年时期留下来的余晖。这些来自宇宙大爆炸之后几万年的光芒，如今已红移到微波波段，这就是"宇宙微波背景辐射"。宇宙微波背景上温度的高低，就对应于物质分布的疏密，仿佛宇宙汤的"热成像"。

总结一下，科学家们首先测量宇宙中物质在大尺度上的涨落，并经过已知的物理规律回溯到它们诞生之初的初始条件，实际上也就在测量这些诞生于宇宙暴胀时期极端高能条件下的原初涨落。掌握了这些原初涨落的情况，就如同探测到了对撞机中那些短寿命粒子衰变后的产物。

这里需要给大家来举例说明：在宇宙暴胀期间，一对"虚的"重粒子被时空的量子涨落创造出来，并被宇宙的指数膨胀迅速拉伸到很大的尺度。这些虚的重粒子同样短寿，它们还没有来得及存留到暴胀结束，就衰变得全无踪影。幸好，在它们尚未完全消失前，这些重粒子会与时空本身的量子涨落发生相互作用。

时空本身的量子涨落中，有一种被称为"曲率扰动"的模式，具有很长的寿命。这种曲率扰动被暴胀的宇宙撕扯到很大的尺度后就被冻结下来，形成了能被观测到的物质涨落的初始条件。科学家们正是通过测量不同位置原初涨落间的相互关联，间接推知宇宙在暴胀期间能量极高的条件下所发生过的物理过程。这就是"宇宙学对撞机"的原理。不知道大家有没有模模糊糊地懂了，有了一点初步的概念？很烧脑，但很有意思。

那么，有了这套"宇宙学对撞机"的原理后，科学家们接下去要如何利用这个原理来探索未知的物理规律呢？他们到底要观测什么样的线索才能做出实质性的理论发现呢？在回答这个问题之前，我们还需要了解一个概念，叫作"质量谱"。

对于基本粒子而言，最重要的性质莫过于质量和自旋。在宇宙中，基本粒子的质量和自旋就像它们的"身份证明"。如果我们将所有已经发现的基本粒子按照它们的质量大小排到一张图上，它们整体就会形成一个固定的样式，这很像分光计中原子和分子的光谱图，这就是"质量谱"。科学家们经常把原子的光谱比作原子的"指纹"，我们就是通过这套指纹系统来发现遥远恒星或者星系中所包含的元素。与此类似，标准模型中基本粒子的质量谱就相当于标准模型的指纹。实验物理学家往往通过在对撞机中正确地部分重现这套指纹，以确认机器可以正确工作。

原子光谱对于我们研究遥远的恒星或者星系都至关重要，光谱的变化可以给我们透露非常多的信息，例如，光谱发生了红移，我们就知道星系正在远离我们而去，对红移定量分析，我们还能精准地计算出星系的退行速度。

按照现有的标准模型，粒子的质量是通过著名的希格斯机制来获得的。也就是说，真空中均匀弥漫着由希格斯玻色子组成的场，称为希格斯场，基本粒子穿行在希格斯场中，受到阻碍因而变"重"，形成了质量。暴胀理论是说在暴胀期间，希格斯场比现在要稠密得多得多，在那个时期，所有有质量的粒子都比现在要重得多，其质量甚至可以远大于当时的时空曲率。那如何来检验这些理论的正确与否呢？根据检测原子光谱的思路，科学家们的目标就是要通过对宇宙微波背景辐射的涨落数据，推演出标准模型在宇宙暴胀期的质量谱，也许就可以通过它的谱形来区分不同的暴胀机制。就仿佛通过测量原子光谱的改变，可以获取原子周围环境的信息。

当然，知易行难。系统地分析暴胀期间基本粒子的质量谱，还需考虑诸多技术性的细节，总而言之，基本粒子的质量谱在宇宙学对撞机中会变得异乎寻常。其结果在一定程度上依赖于驱动暴胀的机制，但也具有一些与暴胀模型无关的特征。这就好像我们照哈哈镜。你在镜子中看到的形象一方面是由镜子的曲率决定的；另一方面当然也由你本身的长相决定。只要我们对镜子本身的曲率有了足够的了解，我们依然可以通过哈哈镜中的形象来推测你的真实长相。

这套分析同样适用于任何标准模型之外的新物理模型。道理很简单：任何新模型的质量谱，在暴胀期间都会经受类似的畸变。所以，质量谱分析是宇宙学对撞机研究的第一步。

即使这第一步，也并不仅仅是将两种极端尺度下的物理对象做简单的拼接，而是需要一些特别的理论和技术来克服拼接过程中遇到的新困难。如此看来，"宇宙对撞机物理学"，或者更一般地说，暴胀时期的粒子物理学研究，也许会促使宇宙学和高能粒子物理学发生一轮新的深度融合。

我们又了解了一项当今物理学研究中最最前沿的领域，或许若干年以后回望，今天看来还非常不起眼的新方法，未来会成长为参天大树，谁知道呢？或许你我正在一起见证伟大发现的开端。我希望通过这一章内容，让你对科学理论的建立过程所要经历的反复苛刻的检验有了更深刻的印象。科学家们个个都像疾恶如仇的战士，对任何一个理论都是在不停地穷追猛打，希望找到漏洞。科学精神如果只用一个词来代言的话，只有一个不二之选，那就是——求真务实。

虚粒子，更深层的物理学线索

到目前为止，地球上最大的粒子对撞机是欧洲大型强子对撞机，简称为"LHC"，今天，让我们继续对它做一些更深入的了解。

我们先来了解一下 LHC 的结构。总的来说，它由三个部分组成。第一个部分就是最为壮观的粒子加速环，或者叫粒子加速管道：在一条长达 27 千米、接近于完美的圆形隧道中，平行放置了两条真空管道，管道被超导磁铁包裹着，用液氦冷却到接近绝对零度。为什么要有两条管道呢？因为质子束在两条管道中被分别加速，一束质子顺时针运动，一束质子逆时针运动，这样才能实现迎头相撞的效果。第二个部分是碰撞点，在 27 千米长的环形管道上，一共设置了四个碰撞点。第三个部分就是探测器，这是 LHC 最为核心的部件，一共有 7 大实验探测器。其中，最为公众所熟知的探测器就是简称为"ATLAS"的探测器，它的中文全称叫"超环面仪器"，这是一部巨大的机器，整体是一个圆筒形的造型，长达 44 米，圆面直径 25 米，重达 7000 吨 把两架载客人数 150 人左右的波音 737 客机塞进去都没问题。2012 年宣布发现的上帝粒子就是这个探测器发现的，所以很出名。还有一个非常出名的探测叫 CMS，中文全称叫"紧凑 μ 子线圈"，这也是一个圆筒形结构的探测器，长约 21 米，圆面直径约 16 米，尺寸要比 ATLAS 小得多，但是重量却达到了惊人的 12500 吨，这是因为它的零部件设计得特别紧凑，因此被叫作紧凑 μ 子线圈。

ATLAS 和 CMS 是 LHC 的明星探测器，媒体曝光率最高，事实上它们确实是寻找新粒子竞赛中极为重要的两个选手。但是，这并不是说其他选手就没有了夺冠的可能，其实 LHC 的 7 个探测器，哪一个都不是吃素的。今天我要给大家重点介绍的就是 LHCb 实验，中文全称叫"大型强子对撞机底夸克实验"，这个实验用到的探测器就是 LHCb 探测器，它的体形和名气都比 ATLAS 和 CMS 要小一些，但没有人敢轻视它，它也为这场寻找新粒子的竞赛带来了更多的不确定性。

要了解什么是 LHCb 实验，咱们还得从标准模型开始讲起　这是目前理论物理界对已知粒子如何产生以及如何相互作用的一个最佳理论。可以说，它取得了巨大的成功，解释了绝大部分微观世界的现象，所做出的预言也在非常高的精度上得到了验证。总的来说，它把基本粒子划分为夸克和轻子。夸克有 6 种，又分为 3 组，物理学家习惯称为 3 "代"：上夸克和下夸克为第一代，粲夸克和奇夸克为第二代，底夸克和顶夸克为第三代。注意，底夸克的英文是 beauty quark，这个 beauty 就是美女的那个 beauty，LHCb 中的 b 就是 beauty 的首字母。当然，在英文中，表示底夸克更常见的一个词是 bottom quark，这也是中文译名的由来，但是 LHCb 的英文全称确实是 Large Hadron Collider beauty。

我们继续讲标准模型。在自然界中，我们从未观测到孤立的夸克，它们总是组合成所谓的强子态。所以，粒子物理学中所称的"底强子"就是包含底夸克的粒子。与夸克类似，轻子也分为三代：电子和电子中微子，μ 子和 μ 中微子，τ 子和 τ 中微子。上夸克、下夸克和电子同为第一代基本粒子，我们日常所见物质中的原子均由它们组成。另外两代粒子有些难以捉摸，必须利用粒子加速器才能让它们显出真容。作用在这些粒子上的力包括电磁力、弱作用力和强作用力，但是并不包括万有引力，因为在亚原子层次上引力的效应小到可以忽略不计。每种作用力都需要额外的粒子来传递：例如，光子传递电磁力，W 玻色子和 Z 玻色子传递弱作用力。在所有这些粒子之外，还有希格斯玻色子，它代表的是一种为某些粒子赋予质量的基本场。

然而，物理学家知道标准模型一定是错误的。请注意　这里的"错误"是要打引号的，物理学家们更愿意称这个理论不完善。标准模型对某些问题的回答非常成功，但是对其他一些问题却完全无能为力。在宇观尺度上有一些标准模型无法解释的问题。例如，宇宙大爆炸时正反物质应该是等量诞生的，为什么现在宇宙却几乎完全由正物质组成？此外，标准模型也无法解释暗物质的本质。尽管看不到宇宙中这些额外的质量，但我们知道暗物质肯定存在。我们观测到的恒星和星系运动，就是在它们的驱动下进行的。事实上，标准模型并不包含万有引力这个在大尺度下起主导作用的力，迄今为止，所有试图将万有引力纳入标准模型框架的尝试均以失败告终。

而即使是已知的亚原子粒子世界，也还有很多未解之谜。希格斯玻色子的质量恰好略高于 W 和 Z 玻色子，然而标准模型认为它的质量应当是后者的万万亿倍。把基本粒子分成三代也显得特别生硬，因为三代基本粒子除了质量等级差异很大之外，其他性质几乎完全相同，就好像是自己的复制品一样。标准模型对此类问题束手无策。因此，尽管标准模型解决了很多问题，但它注定只是一个近似理论，是有望解决这些谜团的更深层理论的一个表面。与 ATLAS、CMS 以及全球其他众多实验一起，LHCb 的目标是发现更深层理论的基本元素，说白了，就是要寻找到标准模型之外的新粒子，找到了新粒子，就相当于找到了打开物理新世界的钥匙。

当两个质子在对撞机中撞得粉身碎骨时，释放出的高度集中的能量可凝结成与对撞质子完全不同的粒子，例如包含底夸克的粒子，这就是 LHCb 实验要寻找的底强子。底强子寿命很短，在它衰变成几个较轻的粒子之前，通常仅能向前飞行 1 厘米左右的距离。为了探测到它们，LHCb 有一些专为研究底强子的物理性质而量身打造的独家秘技。例如，LHCb 在距离大型强子对撞机粒子束流仅 8 毫米的位置放置了一个硅微条探测器。LHCb 还有一套被称为环形成像切伦科夫计数器的独特系统，能够对底强子衰变产物发出的光进行模式识别，从而鉴别这些衰变产物都是些什么粒子。

在大型强子对撞机第一阶段运行期间，也就是 2010—2012 年，在 LHCb 探测器中产生了大约 1 万亿个底强子。这些粒子的衰变方式很多，其中某些衰变方式尤其令人感兴趣，因为这些衰变方式无法用标准模型解释，而这种无法被现有理论解释的新发现，就有可能成为"新物理学"的路标。

对于新物理理论的可能形式，理论物理学家提出了很多不同的假说，但其中多数理论都需要引入比已知粒子更重的新粒子。之所以说大型强子对撞机是寻找新物理的理想平台，很重要的一个原因就在于这些预言的新粒子很重。重到什么程度呢？这些粒子的有效质量可高达数万亿电子伏。这个电子伏是一个能量单位，并不是一个质量单位。但是在高能物理学中，通常都是用能量单位来表示质量的，因为质量和能量其实是可以相互转换的。1 电子伏的定义就是 1 个电子在经过了 1 伏特的电位差之后所获得的动能。几万亿电子伏是个什么概念呢？根据我在维基百科查到的数据，核爆中带电粒子的能量范围是 3 万~300 万电子伏，一个质子的质量如果全部转换成能量的话，大约是 9 亿电子伏，希格斯玻色子大约是 1250 亿电子伏。

如果这些预言中的大质量粒子存在，它们衰变时会产生非常特殊的信号，ATLAS 和 CMS 实验的设计目的就通过此类信号直接寻找这些粒子。不过，寻找新物理另有捷径，或者说更巧妙的办法。新粒子的"虚粒子"效应会影响标准模型粒子的衰变，我们可以通过这种效应探测到这些新粒子。

那么，什么是"虚粒子"呢？这个概念听上去很奇幻，它是量子力学中的奇妙特性，已经不止一次地正确预言了很多物理过程。当然，要把虚粒子的概念讲清楚，不但要借助费曼图，而且还不可避免地要用到满是希腊字母和各种符号的奇怪公式，这不是三言两语就能够说清楚的。我这里只讲一个大致的概念，所谓虚粒子其实就是为了摆平量子力学中的一些方程式，而假想出来的一些虚构粒子。这些虚构的粒子往往具有负的质量和能量，听上去很不可思议。质量和能量怎么可能是负的呢？唉，量子力学中的不确定性原理就允许这种负能量存在。在物理学中，把真空的能量定义为零，这就好像我们把海平面定义为零海拔一样。但真空并不是完全没有能量，比真空更低的能量就是负值。或者你也可以这样理解，一个虚粒子可以向真空中借能量，从原本什么也没有的虚空中，突然借得能量，然后马上又归还，这个过程要符合不确定性原理，借得的能量越大，则归还的时间就越短，反之则越长，时间和能量的乘积是一个常数。所以，有些书上把真空看成是沸腾的海洋，能量不断地凭空产生又凭空消失，好不热闹。虽然，这听上去更像是一个纯数学手段，就好像为了回答什么数字的平方会是负数一样，数学家生生造出了虚数的概念。但是，它却很管用，在过去的几十年中，物理学家们用这个方法发现了很多新东西，例如，正是利用虚粒子的概念，物理学家们首次预言了粲夸克和顶夸克的存在，并且正确估算了它们的质量。

LHCb 采用间接方式探测新粒子和新物理的策略，其背后的指导原则正是虚粒子概念。由于这些新粒子仅以虚粒子的形式参与我们测量的所有衰变，我们能探测到的粒子的质量就不受限于加速器所能达到的能量。原则上，如果对合适的衰变过程进行足够精确的测量，我们就可以探测到超出 ATLAS 和 CMS 极限的大质量粒子的效应。这些粒子质量太大，不可能在 LHC 中直接产生，更别提探测了。

现在，科学家们已经发现了一些迹象，表明标准模型对底强子衰变的描述并不总是与实验测量完全相符。这些线索来自多种测量，但拥有某些共同特征。在得到更多数据，对理论有了更加充分的理解后，我们也可能认识到标准模型实际上与我们的观测符合得很好。即便如此，先前的这些线索也会展现出标准模型大厦上的裂痕是如何不断扩大、愈演愈烈的。

现在，物理学家们正在分析大型强子对撞机二期运行采集的新数据，那些与标准模型预言的偏差的显著性要么继续提升，从而使这些异常现象变成物理学中最重大的新闻，要么烟消云散，探索之旅将继续下去。我们还需要一些耐心，让人类中那些最优秀的大脑折腾去吧，我们在这里为他们加油呐喊。

假如某个反常的现象从"有趣的迹象"变成了"与标准模型有明显冲突"，这将意味着什么呢？显然，这将是粒子物理领域近几十年来最重要的进展，它为我们打开了一扇窗户，窗外的美景一直被隐藏在我们此前所理解的宇宙规律背后。那时，我们需要找出到底是什么打破了标准模型。新粒子的效应按理说也会出现在其他底强子的衰变过程中，从而为我们提供更多的线索。不管未来结果如何，不可否认的是，LHCb 探测器拥有极高的灵敏度，而且在未来几年还有望得到显著改进。我们不知道间接寻找新物理的道路是捷径还是弯路，但是有很多物理学家坚信他们正朝着正确的方向前进。毕竟，指导我们的是伽利略的格言："可测者，测之；不可测者，使之可测。"对 LHCb而言，没有比这更为恰当的箴言了。

新视野号：重新认识冥王星

1999 年，美国航空航天局 NASA 在全国范围内征集 PKE 任务的具体方案，PKE 任务就是"冥王星-柯伊伯快车 Pluto-Kuiper Express"的缩写。这个任务的前身叫作"冥王星飞掠探测任务"，是由美国宇航局的喷气推进实验室于 1992 年提出的，这个计划的预算是 4 亿美元，预计最快在 1998 年就能发射，飞七八年到达冥王星。这个计划得到了时任 NASA 局长丹尼尔·戈登的大力支持。可是这个计划在推进过程中非常不顺利，主要原因是花费太高。到了 1995 年，这个任务演变为"冥王星快车任务 Pluto Express"，预算从 4 亿美元降为了 3 亿美元，到了 1999 年，这个计划增加了探测柯伊伯带小天体的任务，于是又更名为"Pluto-Kuiper Express"，简称为"PKE 任务"。

艾伦·斯特恩当时是美国西南研究院空间科学与工程部的副主任，他所带领的团队受到了 NASA 的邀请，提出 PKE 任务的详细设计方案，方案的最核心部分是采用何种设备来观测冥王星和柯伊伯带的小天体。艾伦他们当时提出的一套方案就是照相机和光谱仪组成的一套组合设备。但是，好景不长，在资金预算方面又出现了问题，这个任务预估的费用一再地增加，很快就要接近 8 亿美金了[1]，这下 NASA 吃不消了，终于在 2000 年 9 月，NASA 甚至都还没有选择发射什么设备飞往冥王星，就取消了 PKE 计划。

但是，让 NASA 始料未及的是，取消行为遭到了空前的压力。首先是行星科学界的科学家们，联名公开谴责 NASA 的这个决策，要求恢复项目。然后这种情绪很快就传导到了公众身上，NASA 的热线电话几乎被打爆了，还收到了一万多封抗议邮件。有一个十几岁的小伙子甚至开车横跨整个美国，来到位于华盛顿哥伦比亚特区的 NASA 总部请愿。在这件事情上可见美国人对太空探索的热情有多高，也从一

1　http://sa.ylib.com/MagArticle.aspx?Unit=featurearticles&id=78

个侧面反映出一个国家公民的科学素养水准。2016 年，我国也发生了两次类似的事件，一次是关于中国是否要建设大型强子对撞机的争论，一次是关于中国建设大型通用型光学望远镜的设计方案的争论。这两次争论也在公众中引起了较大的反响，但是与美国的这次事件比起来，那还是小巫见大巫，不过，这在我看来是一个非常好的迹象，说明我国公民的科学素养在逐步提高。

3 个月后，NASA 终于扛不住公众舆论的巨大压力了。2000 年 12 月，他们宣布了一个补救方案。这个方案有点意思，NASA 宣布要组织一场竞赛，在达成 PKE 任务目标的前提下，花的钱还只能是之前预算的一半，并且必须要让飞行器在 2020 年前抵达冥王星。说实话 NASA 的这一招还真够绝的。本以为这是一个不可能完成的挑战。哪知道，NASA 最终从不同的团队那里收到了 5 个方案书，每一本方案书都像电话号码簿那样厚。人类的创造力也真是惊人，被逼急了什么都能想出来。艾伦（R.Davis）也领导了一个团队，提交了一个方案。他们把这个方案取名为"新视野号"，英文是"New Horizons"，所以也有书里翻译为"新地平线号"。

艾伦的团队来自两个单位，一个是艾伦所在的美国西南研究院，负责探测器的设计；另一个团队是约翰霍普金斯大学的应用物理研究所，负责飞船的建造与控制。在怎么省钱上，他们主要想出了两个大招：

第一，只发射一艘飞船。啥意思？你可能没搞懂，难不成原计划要发射两艘？是的，按照过去 NASA 发射宇宙探测器的惯例，对某颗行星的首次探索任务都是要双保险的，从无例外，因为只发射一艘，失败的风险就会太大。现在，艾伦团队大胆地提出，我们就发射一艘，这样就可以省出一大笔钱，话说得虽然容易，但真要做到降低失败率那不是拍拍胸脯就够的，需要大量的实实在在的技术上的提升。

第二，让飞船在飞往冥王星途中的近十年内休眠，这样就可以节约人力成本。这话说着容易，但是要做到这一点，就意味着飞船航线的精度必须要高到令人发指，用数据来说就是必须要让飞船在完全没有中途航线修正的情况下，飞行 9.5 年后，在一个 9 分钟的时间窗口内抵达冥王星，还要穿过一个只有 56 千米 × 97 千米的空间窗口。5000 多平方千米的面积听着很大，但是要在 40 亿千米之外提前将近10 年控制飞船穿过去，就好比从上海一杆把高尔夫球打到乌鲁木齐的球洞里面，难度可想而知。

这个方案经过了艾伦他们不厌其烦地修改和完善，终于，无论是技术实施，还是科学小组成员，又或者在计划管理、教育、公众宣传、成本控制，甚至是在应急措施上，它都变得无可挑剔无懈可击了。2001 年 11 月底，NASA 宣布，新视野号在所有候选方案中胜出。

这时候，艾伦的研究小组还剩下四年零两个月的时间完成飞行器的设计、建造和检验，而 NASA 以往的飞行任务，比如旅行者号、伽利略号和卡西尼号，这样的过程都用了 8～12 年。现在艾伦他们需要把时间缩短到一半甚至三分之一。预算方面就更加寒碜了，只有旅行者号经费的五分之一。

正当艾伦团队撸起袖子准备大干一场的时候，又出幺蛾子了。确定新视野号方案获胜还不到 3 个月，布什政府就突然宣布要取消新视野号的任务，把它从 2002 年初发布的美国政府的预算中去除。这使得美国国会和白宫之间发生了一场旷日持久的经费战。过去了大概半年，在 2002 年的夏天，美国科学院将冥王星探测列在了行星探测"十年调查"项目的首位，并且说服了足够多的议员，向他们证明了该任务的巨大价值，这场经费战才得以平息。但是我们可以想象在这半年中，艾伦团队的煎熬，那真的是要对这项事业无比热爱才能坚持的。

关于经费的摩擦暂时平息了。没想到，洛斯阿拉莫斯国家实验室的运行又横生枝节。这个实验室于 1943 年成立，因为研制出了世界上第一颗原子弹而声名远播。新视野号的核燃料电池要靠这个实验室生产，它在新视野号研发期间两次停止运行，每次停运都持续了好几个月，这严重削减了钚的产量。发生的这些困难曾经让 NASA 和科学界的很多人都不看好新视野号。但经过艾伦他们夜以继日、全年无休的勤奋工作，最终按时把新视野号送上了发射台。

2006 年 1 月 19 日，在美国佛罗里达州的卡纳维拉尔角空军基地，新视野号成功发射，45 分钟后，第三级火箭分离，新视野号脱离地球引力，朝木星飞去，它将在一年零一个月后抵达木星，然后借助木星的引力助推，飞向冥王星。预计抵达目标的时间是 2015 年 7 月 14 日，这是一次超远距离的一杆进洞表演。

新视野号配备了短暂飞掠冥王星系统时所需要的一切东西。它的工作端装载了 7 台仪器，包括黑白相机，彩色相机，两台可以将不同波长的光分开从而分析天体的大气组成和表面物质组成的光谱仪，一台研究撞上飞船的那些尘埃的探测器。此外还有两个空间等离子体传感器，用来测量冥王星的大气逃逸速度，以及逃逸气体的成分。最后还有一个无线电探测包，用来测量冥王星的表面温度、随高度变化的大气温度和气压。

这些仪器大大提高了新视野号的科研能力，新视野号采用的是 21 世纪的技术，而旅行者号这样的任务，用的还都是 20 世纪六七十年代的仪器。旅行者 1 号装载的表面成分的成像光谱仪只有 1 像素，而新视野号的成像光谱仪有 6 4000 像素。有了这些先进的技术能力，再加上比旅行者号的磁带大上 100 多倍的数据存储量，新视野号的探测效率远赶以往的首次飞掠任务。

新视野号的任务主要包括：用 7 台仪器对冥王星及其 5 颗卫星做 400 多次观测；搜寻可能伤害飞船的障碍物；寻找新的卫星和环结构；不断观测冥王星，对其位置进行三角测量，从而精确定位；控制飞船引擎，使它精确完成飞掠目标；传输靠近目标时获得的所有数据。

光阴荏苒，9 年多过去了，时间终于走到了 2015 年 7 月 14 日，临近晚上 9 点，艾伦和 NASA 的局长查尔斯·博登，以及其他任务控制小组的伙伴们，一起在美国霍普金斯大学应用物理实验室里，焦急地等待着新视野号飞船向地球传回第一批信号。就在那一刻，远在 40 多亿千米外的新视野号刚刚一次性地飞掠了冥王星及其系统内的 5 颗卫星。信号以光速飞向地球上的巨型天线，这些信号将会告诉他们，这次飞掠行动是否成功。

实验室附近，有将近 2000 多人一起在等待着新视野号的消息。而全世界还有无数人正坐在电视机和电脑前，关注着飞掠行动。回首往事，艾伦不禁唏嘘。他用了至少 27 年，才使新视野号的飞掠成为现实。他花了 14 年来推销这个项目，4 年用来建造和发射飞船，飞船又用了 9 年多时间来穿越太阳系。这一刻，艾伦和他的伙伴们翘首以盼，他们的努力能换回什么结果，答案很快就能揭晓。

忽然，信号来了。几秒钟之后，任务控制中心的巨型计算机将信号解码为飞船运行状态的报告。飞行工程师一个接一个地评估数据并上报，确认飞船工作系统一切正常。新视野号成功完成了历史性的飞掠，正在完美运行。整个中心沸腾了，大家振臂欢呼，击掌庆祝，挥舞旗子，相互拥抱。艾伦他们用了将近 30 年的时间，去探索人类迄今为止所能观察的最遥远的世界——堪称行星探索界珠峰的冥王星，如今终于成功了。

第二天一早，新视野号就已经将它拍摄的第一组高清图像发回了地球，让人们看到冥王星是一个复杂到令人称奇的世界。此后几个月，飞船陆续传回数据，一直持续到 2016 年末。总体而言，新视野号用 7 种科学仪器，实施了至少 400 次独立的观测，在这个过程中获得的数据量，是 NASA 首次火星探索任务水手 4 号获得数据的 5000 倍。

这批科学数据，使人们对冥王星系统的认知产生了革命性的巨变，颠覆了我们对于小行星的普遍看法，原来它们也可以这么复杂，这么活力四射。公众对此次任务反响热烈。艾伦他们的任务网站增加了 20 多亿次的访问量，飞掠冥王星的新闻在那一周占据了 500 多家报纸的头条，并登上了数十个杂志的专题，还出现在了谷歌首页涂鸦的地方。这样热烈的反响让艾伦既欣喜又意外。那新视野号究竟取得了怎样的成果呢？

在新视野号抵达冥王星之前，我们对冥王星的认知非常有限。因为冥王星离我们很远，到地球的距离要比木星到地球的距离还远 8 倍左右，但是冥王星的体积又非常小，它比月球还小，视面积只有木星的 1/4900。所以，即便是在哈勃太空望远镜这么强大的观测能力下，冥王星也不过就是一个小小的圆盘，除了表面上似乎有一些大规模的斑块外，几乎看不到任何细节。此外，我们还知道冥王星有 5 颗卫星，有稀薄的大气，表面是红色的，含有固态的甲烷、氮和一氧化碳。还有证据表明它的一个极区覆盖着冰盖，当然不是水冰，而是氮冰。对冥王星的知识，在新视野号抵达之前，基本上也就是这些了。新视野号对冥王星的成功拜访，大大增加了我们对冥王星的了解，其中有相当多的新发现是令人惊喜的，同时也是意想不到的。

行星科学家们对冥王星的表面是否存在崎岖地貌已经争论了数

年。有一些科学家认为，冥王星的表面不可能存在太大的起伏，因为氮冰十分脆弱，很容易在自身重力下坍塌，因此，厚厚的一层氮冰让冥王星不可能形成任何高海拔的地貌。新视野号能像我们的眼睛一样，从两个不同的角度观测地形，可以测量山顶等高海拔区域与低海拔地貌的"视差"或者相对运动，从而估算海拔高度。当新视野号抵达冥王星时，最初获取到的一些高清图像就表明，这颗行星表面的山脉高度可达惊人的 4500 米，说明冥王星表面的氮冰或许只是一层薄薄的壳。

进一步的数据显示，冥王星的地貌多样性令人惊叹。有大片的冰川、绵延几百千米的断层系统和巨型冰块碎裂产生的杂乱多山地貌，还有被消退的甲烷冰所切削出来的悬崖。在一些山上，还有甲烷构成的雪顶。另外，还发现了几千个直径 1.6～10 千米的深坑，估计是赤道平原处的氮冰升华形成的。

有一个非常重要的发现是在冥王星表面有一块巨大的冰川，当然也是氮冰冰川，它被命名为斯普特尼克平原，为了纪念人类首次太空任务斯普特尼克号。这块平原的面积达到了 80 万平方千米，相当于 8 个江苏省那么大。新视野号还观测到，周围的山脉会通过冰川或者雪崩为它补充冰。

按照传统的观点，冥王星这么小的天体应该很早就冷却了，不应该再有什么地质活动。但是观测证据却表明，这种观点完全错了。有两个发现证明冥王星存在活跃的地质运动。

第一个证据是，在斯普特尼克平原上有冰在流动，而且有纹路，这说明平原下面有热源，产生了活跃的地质活动。

第二个证据是，冥王星表面的撞击坑分布极不均匀，有 40 多亿年历史，饱受摧残的古老表面，也有 1 亿～10 亿岁的中年表面，还有几乎没有任何撞击坑的大平原，年龄不会超过 3000 万年，甚至有可能年轻得多。这样大的地表年龄跨度是科学家们始料未及的，这充分证明冥王星有活跃的地质运动。但是，这些地质运动的能量来源是什么呢？这就是新视野号留给我们的谜题了。

通过分析新视野号发回的照片，冥王星又留给了我们另一个谜题。根据可见光—红外成像光谱仪的探测数据，在冥三星上发现了水冰。发现水冰这个倒不算是稀奇，像冥王星这样的冰冻星球，有水冰是很正常的，太阳系中的绝大多数冰冻星球都有水冰，可以说水是太阳系中最常见的物质之一。只不过液态水是极为金贵的。但这次的发现很不寻常，因为新视野号发现了暴露在地表的水冰。这就很奇怪了，因为相对于氮冰、甲烷冰来说，水冰的挥发性要低得多，所以冥王星上的绝大部分地区都应该被氮冰和甲烷冰等更具挥发性的冰覆盖，水冰一般会被掩埋在其他冰层的下面，很难露在地表。而且，新视野号只在冥王星的红色区域发现了裸露的水冰，它们之间是否有一些什么样的特殊关联呢？

另一项有趣的发现是冥王星的天空是蓝色的，和地球上的蓝天居然很像。这次新视野号对冥王星的大气层有了进一步的了解。冥三星大气层也有几百千米厚，有十多个同心的雾层，这些雾层由一种很复杂的有机分子构成，这种有机分子与土卫六大气中的有机分子有本质的相似，他们被卡尔·萨根命名为索林斯，就是这些有机分子让冥王星的天空看起来是蓝色的，但冥王星的上空几乎没有云。

新视野号对冥王星的质量、体积、形状都进行了非常精确地测量，有了这些数据，行星科学家们就可以构建冥王星的内部结构模型，间接证明冥王星在地表几百千米下的温度和压强有望达到水的熔点，那里可能存在液态水的海洋。

除了以上这些较为重大的发现，新视野号还有一些有趣的发现，例如，在冥王星上的固态甲烷堆积成了一座座高度超过 300 米的尖塔，规则地排列在一起，绵延几百千米。还有年轻的巨型冰火山，只有 3 亿～6 亿岁。还有一定的迹象表明，冥王星上有可能存在河道网络和一个冰冻的湖泊，这意味着冥王星以前的气压要高得多，甚至比今天的火星还要高，当时液体可以在表面流动，甚至能形成湖泊。

所有这些发现都让科学界震惊，矮行星的复杂程度，竟然也能和地球、火星比肩。

冥王星有 5 颗卫星，其中最大的一颗叫卡戎。实际上，卡戎算不算是冥王星的卫星，这个一直就有很大的争议。因为卡戎的个头与冥王星相比，实在是太大了，它的直径刚好是冥王星的一半，也就是说一个冥王星也就是 8 个卡戎的大小。因此，他们的共同质心是在冥王星的外部的，所以准确地说，并不是卡戎绕着冥王星转，而是他们手拉着手一起转圈。另外，卡戎的质量也足以让它成为一个球形。所有这些特征都符合国际天文学联合会 2006 年对矮行星的定义，所以，冥王星和卡戎应当构成了一个双矮行星系统。但习惯的力量很强大，从 1978 年发现起，我们就一直把卡戎叫作冥王星的卫星，很难改过来了。

这次新视野号也对卡戎和另外四颗卫星进行了观测。人类也首次看到了卡戎的外貌，它也是一颗发红的天体。最明显的特征有两个，一个是颜色特别红的极区，还有一个就是一条很深的大峡谷，比美国的科罗拉多大峡谷还要深 5 倍，峡谷的两边有大量的山脉。卡戎没有大气，表面也没有易挥发物质。不过，在卡戎的表面覆盖着特有的氨冰（氨气的固态）。通过对撞击坑的计数，科学家们推测出卡戎的表面似乎有 40 亿岁了，而且不同地区的年龄差异不大，这说明卡戎是一颗死气沉沉的星球，地质活动在它形成后不久就停止了。

那个特征最明显的红色极低冰盖，根据推测，似乎是由甲烷和氮构成的，而这些气体则来自冥王星，它们从冥王星的大气层口逃逸出来落在了卡戎冰冷的两极，在那里经过紫外线的照射，变成了红色的碳氢化合物，也就是索林斯。

冥王星的另外四颗卫星都很小，小到都无法形成球形。新视野号在它们身上也发现了一些奇怪的事情，它们的表面物质和卡戎几乎一样，但是反射率却是卡戎的两倍，这就显得很奇怪，目前还没有合理的解释。

我在这里要特别提醒大家注意的是，以上那么多丰富的发现，可不是像我们之前探测其他大行星那样，探测器绕着大行星一圈圈地转，逐步收集到数据。因为冥王星的质量太小，探测器的相对飞行速度大约是 14 千米 / 秒，所以，探测器根本不可能泊入冥王星的轨道，成为冥王星的卫星。所以，新视野号是在一次性飞掠冥王星的时候，一次性地采集所有需要的数据，然后再全部发回给地球。这就好像你坐在高铁上，呼啸着经过一个小站，你只能先记录下看到的一切，然后再慢慢分析。

现在，新视野号所记录下来的所有数据都已经传回了地球，但是分析工作还远没有结束，这些数据量非常庞大，还需要很多年才能消化完所有的数据，预计还会有更多有关冥王星表层结构、内核、起源、大气还有卫星的科学发现。

新视野号圆满完成了探测冥王星的任务，但是它的任务并没有结束。2016 年，NASA 批准了为期 5 年的延期计划，把新视野号的工作期限延长至 2021 年中期，目标是探测柯伊伯带的小天体。有一个重要的日期大家需要记住，2019 年 1 月 1 日，新视野号近距离地掠过了一颗被命名为 2014 MU69 的柯伊伯带小天体。这块古老的红色岩石在远离太阳的深空，冰冷地被封存了 40 多亿年，保持着太阳系形成之初的原始状态。令人惊奇的是，这个小天体的直径只有 30 千米，却拥有自己的卫星。新视野号飞掠过它时，全套设备再次开启。这很像是太阳系考古活动，让我们可以回溯到太阳系形成之初。

在新视野号延期服役的 5 年中，至少可以近距离地研究 24 颗小天体，同时，它还将在柯伊伯带的深处，测量宇宙环境的性质，如氢气、太阳风以及远离太阳势力范围的带电粒子。艾伦相信，5 年结束后，NASA 还会进一步延长新视野号的探测任务，直到 2035 年或更久，因为新视野号目前状态良好，还有足够的燃料和电力供它继续运行并与地球通信。我相信新视野号在未来的很长一段时间内，都还会一直给我们带来各种意想不到的新发现，在这里，我要向艾伦和他的团队表达我的敬意，他们的出色工作满足了我们无止境的好奇心。

最后，我想补充回答一下一位小朋友曾提出过的问题。他说：听完冥王星的故事，觉得太不容易了，既然这样，为什么新视野号不留在冥王星轨道，成为冥王星的一颗卫星，这样不就有足够的时间来观测冥王星了吗？我想回答你：不是科学家们不想，而是鱼和熊掌实在无法兼得。为什么呢？因为请你记住，在太空中，减速和加速一样困难，都需要消耗大量的燃料。如果一个探测器想要泊入冥王星轨道，成为冥王星的一颗卫星，那么速度就必须要减为冥王星的环绕速度，这个速度与冥王星的质量以及半径有关，而冥王星比月球还小，质量还不到月球的五分之一，所以它的环绕速度很小，只有多少呢？我粗略地算了一下，大约只有 0.85 千米 / 秒，也就是每小时 3000 多千米，最快的战斗机都能达到的速度。所以，如果新视野号想要降低到这个速度，那就必须在飞到冥王星的时候还有大量的燃料减速，而携带大量的燃料又会导致起飞重量增加，起飞的时候所用的燃料也要大幅度地增加，所以成本就会逐级放大。那如果降低在太空巡航的速度呢？那样的话，飞到冥王星就不是9.5年了，而是几十年了，这种漫长的旅途也无法接受，艾伦这样的科学家怎么可能忍受自己都退休了还等不到新视野号飞到冥王星呢？所以，在预算和抵达时间的双重要求下，飞掠冥王星也就成了必然选择。不过飞掠也有好处，可以让人类早一点了解柯伊伯带的真相。

脑机接口是不是潘多拉的魔盒?

2020 年 8 月 28 日，埃隆·马斯克召开了一场发布会，公布了神经链（Neuralink）公司在脑机接口技术研发方面的最新进展，这个新闻在科技界非常的引人注目，不仅仅是因为马斯克这个人本身自带流量，更重要的是，脑机接口这个领域确实是全世界都在关注的。

这场发布会全程有一个多小时，信息量非常大。发布会之后，我看到了非常多的报道，科技圈的媒体都写了长篇文章。有盛赞马斯克的，也有冷嘲热讽的，也有告诉大家别太当真的，总之各种观点非常多。我想谈两点：

第一，我要讲解一下在马斯克的这场发布会中，他到底发布了什么？Neuralink 公司的脑机接口技术到底是怎么回事。说实话，有很多媒体报道都不实，要么把一些东西讲错了，要么就是过度解读。总之，我首先给大家讲的全都是来自这场发布会的内容，没有引用任何第三方媒体的转述，换句话说，咱们先来弄清楚基本事实。我的习惯，在谈一个热点新闻时，第一重要的是先摆事实，然后才能谈得上有观点。假如事实都没有完全弄清楚，那么建立在此之上的观点就是根基不稳的。

第二，在弄清楚了基本事实之后，我再来谈谈一些业内人士的观点以及我个人对脑机接口的一些浅见。

好，那么，咱们先从这场发布会开始，我下面要化身为马斯克，来给你介绍公司研发的最新技术。

请将我手里的椰子想象成是人或者某种动物的头骨。上面部分就是头盖骨，头盖骨下面就是大脑组织。当然，在头盖骨上还有一层头皮，头皮上可能还会有毛发。好，现在我们要先把毛发和头皮揭开，然后在头骨上挖一块下来，大小刚好就是把四枚一元钱的硬币叠起来这么大。有些人可能想，这难道是传说中的开脑洞？别急，我们还有一步，就是把一个东西嵌入到刚才在头骨中挖出来的那个洞中。这里提一句，人的头骨比你想象的更厚，我们这个东西是 8 毫米厚，而人的头骨的厚度大约是 10 毫米，所以，它嵌在里面并不会对你的大脑组织造成压迫。好了，现在我们把它缝合，盖上头皮和毛发。于是，从外表上来看，就什么也看不出来了。

我手里的这块像四枚硬币叠起来一样大小的东西，我们把这个东西叫作神经链，对，它也是我们这家公司的名称。那么，神经链到底能做什么呢？

首先，这个东西上面分布着 1024 个信道，通过这些信道，神经链可以收集大脑发出的丰富的电信号。然后，它还是一个电信号发射器，能够模拟各种各样的大脑电信号，并发射给大脑。它可以通过蓝牙协议与智能终端设备相连接。你甚至不用给它换电池，因为它有无线充电的功能。那这到底有什么用呢？

在我们看来，人类的一切感知，是的，不管是视觉、听觉还是味觉、疼痛感等，归根到底其实都只不过是一些电信号对我们大脑的刺激而已。我们希望这个产品能够帮助因为脊柱损伤而瘫痪的残疾人。人类的脊柱从某种意义上来说，就好像是大脑和肌肉相连的电线，这根电线断了，大脑就无法给四肢下达指令了。但是，神经链有可能成为让四肢和大脑保持沟通的一个桥梁。从长远来看，让病人恢复全身运动是有可能的。但是，帮助残疾人恢复正常生活仅仅是神经链万里长征的第一步。接下来，我们想让神经链能成为普通人也愿意植入的设备。想象一下吧，如果我们能纠正大脑发出的信号，那么就能解决一切问题，包括失忆、失聪、失明、瘫痪、抑郁、失眠、极度疼痛、癫痫、焦虑、上瘾、中风、脑损伤，等等。再往下，或许我们可以通过它实现记忆的存储和回放。最终，我们可以把记忆上传到一个新的身体或者一个机器人体中。

这一切是不是听上去特别酷？不过，你可能会觉得在头骨上开洞这事挺恐怖的，担心手术风险。我们当然也想到了这一点。我们的解决方案是：把这种手术交给机器人全自动完成，而不是交给外科医生来做。就像现在的激光近视手术已经快接近全自动了，所以它才会变得那么安全。我们已经有了这样的手术机器人，并且还在持续完善它。

下面，请允许我请出神经链的第一位体验用户，就是它：

这只小猪叫格特鲁德，我们已经在它的头骨中植入了神经链，它现在看起来非常的健康活泼。你现在听到的哔哔声，就来自格特鲁德头部的神经链收集到的信号。每当格特鲁德的猪鼻子碰到什么东西的时候，你们就会看到这些信号产生了一个波峰。这是因为格特鲁德的鼻子中有两个神经元与神经链建立了联结。格特鲁德已经植入神经链2 个月了，他现在看上去依然精力充沛、健康活泼。实际上，我们可以将不止一个神经链植入到小猪的头骨中。

我再给大家看一个我们在实验室中完成的实验。这头猪在跑步机上，我们通过读取神经链传出的数据来预测这只猪各个关节的位置。屏幕上一根灰色的曲线表示我们根据信号预测的关节位置，而这些有颜色的曲线则是测量出来的实际位置，大家看到，预测值和实际值符合的非常好。这个实验证明了，我们可以通过在头骨中植入一个无线装置，以非常高的精确度，预测猪身体中所有肢体的位置。

实际上，我还有一个更加直观的图像来展示神经元是如何活跃的。利用一种叫"双光子显微镜"的设备，我们可以给神经元成像。

你们看，红色的就是神经元。而红色闪烁的东西就是神经元在放电，绿色是神经元对电流的反应，你可以看到它们照亮了不同的大脑区域。通过对电场强度的精细控制，你可以让一个电极影响到1000至10000个神经元。所以，1000个电极实际能影响的神经元数量可以达到上百万个。

这就是我今天要向大家展示的我公司的最新技术，记住，这个东西它是0.9版，都还不是1.0版本，所以它还不完善，但你已经能透过它看到充满无限想象的未来了。

最后我还想强调一下，我们这次发布会最重要的目的其实是为了招聘，我们需要各个领域的高手加盟我们。好，感谢各位收看我们的这次发布会。

好了，我给你们演绎的就是马斯克这次发布会最精华的一些内容，我相信，看到这里，大家对脑机接口应该已经不陌生了。

我知道大家都很想知道这个技术到底有多牛，它意味着什么。其实关于这方面的争论还挺多的，我只能以我掌握的知识来给大家谈谈我个人对此的一些浅见，当然，因为我不是科学家，我的观点并不是我自己研究出来的，我只不过是看了很多科学家或者业内人士的评论文章，综合自己的判断后得出的个人观点。

在专家圈子中，几乎没有争议的观点有以下这些：

1. 神经链目前还只是一项技术的雏形，连产品都还谈不上，千万不要过度解读。有些人惊呼，用不了多久，我们就可以用脑机接口传递思维、上传下载记忆，现实版的黑客帝国已经不远了，等等。这些观点你都是可以一笑了之的。要知道，人类的大脑拥有百亿级规模的神经元数量，神经链目前的能力相对于整个大脑来说，只不过相当于在一片海洋中投下了一个小小的坐标而已，还差得太远太远。正如马斯克团队自己所说，神经链在未来最有可能的应用还仅仅只是帮助高位截瘫病人恢复部分行动能力。

2. 神经链在脑机接口的工程技术方面有一定的突破，它现在能把传感器做到这么精致小巧，是非常惊艳的。而且还能用手术机器人来完成植入。把产品做小做精致、且易于使用，从科研的角度来说，是有重大意义的。它意味着可以让更多的志愿受试者参与其中，收集更多的大脑信号数据，这对于解码人类大脑的电信号有着非常重要的意义。

3. 马斯克在发布会上号称神经链不但能接收信号，还能给大脑发射信号，但是，在发布会上并没有展示出这一技术，这说明，要么马斯克是在吹牛，要么就是虽然能发射，但是发射对小猪也完全没影响，或者达不到预期效果，所以没法展示。

4. 通过神经链的信号来准确预测小猪关节的位置，这个实验或许能让不明真相的人感到惊艳，但是在业内专家们的心中，却激不起一丝波澜。因为，这在脑机接口研究领域中，早已经不是什么稀奇的事情。另外一种把电极像戴帽子一样紧贴在头皮上的非侵入式脑机接口就能做到，根本不用大动干戈地在头骨上开个洞。

上面这4点是几乎没有争议的业内观点。下面再谈一些有争议的观点：

1. 脑机接口的理论根基是不是对呢？马斯克在发布会开场谈到的那些关于人的情绪以及意识活动与脑电信号之间的关系，到底是不是正确的呢？这些电信号真的能反映出我们大脑的意识活动吗？而影响或者发射这些信号，就真的能影响人的意识活动吗？对不起，现在还没有证据。既没有证实的证据，也没有证伪的证据。脑科学家们还在为此争论不休。我个人对此的浅见是，电信号是人类意识活动的附属物，并不是人类意识活动本身，神经链的原理无法实现人类记忆的读取和回放。

2. 脑机接口技术的研发是否有违伦理呢？著名企业家周鸿祎表示，马斯克这项技术相当于打开了"潘多拉的魔盒"，"自己是强烈反对脑机接口技术广泛应用的"[1]。而马斯克自己认为，人类无法打败 AI，唯一的出路是加入它们。加入它们的技术路径之一就是研发脑机接口技术。我个人的浅见是，脑机接口技术不是潘多拉的魔盒，这种担忧就跟担忧核能利用、器官打印、基因编辑、细胞克隆是潘多拉的魔盒是一样的，未来会证明人类有能力处理好技术与伦理之间的关系。甚至，会因此诞生新的文明伦理。有些事情是自然选择的结果，是不可阻挡的。

脑机接口依然还是一个非常前沿的科技话题，在这个领域，有定论的东西实在少之又少。人类在这个领域的探索，就像摸着石头过河，也像是在黑夜中摸索着前行，我们不知道正确的路在哪个方向。但这不就正是科学的魅力吗？

---

1 https://baijiahao.baidu.com/s?id=1676724346126630427&wfr=spider&for=pc

丙肝末日已至

（特别鸣谢：科学声音的忠实读者吴韵韵女士。本文底稿由她起草，笔者改写。）

本章要谈的是丙型肝炎，简称为丙肝。人类已知的肝炎病毒一共有 5 种，分别是甲肝、乙肝、丙肝、丁肝、戊肝。其中为大家所熟知的应该是甲肝和乙肝。在 5 种肝炎之中，甲肝和戊肝是仅能通过消化道传染的急性肝病，所以一旦发生水源污染，就会引起大规模的暴发。如果你年纪稍大一点，就应该能记起 1988 年震惊全国的上海甲肝暴发，原因是因为毛蚶受到甲肝病毒严重污染，而上海人民吃毛蚶就是用开水余一下，甚至是生吃（其实江浙一带都这么吃），结果造成了甲肝的大暴发，发病人数日以万计，工厂停工，学校停课。而由于 1988 年春节前期毛蚶大量向苏、浙、鲁、皖四省输出，并在春节市场上销售一空，又使得这四省也接连受到重创。

除了甲肝和戊肝之外，其他 3 种肝炎——乙肝、丙肝、丁肝——传播途径类似，主要为母婴传播、性传播和血液传播这三种途径。听着耳熟对吧，和艾滋病一样。其中，丁肝的病毒是一种有缺陷的病毒，仅仅依赖于乙肝病毒共生，故而丁型肝炎仅可能发生在已经感染乙肝病毒的患者身上。而乙肝、丙肝则是肝炎中的狠角色，特点是感染性强、极易转化成慢性肝炎，并最终导致肝硬化和肝癌，也是当今全世界最普遍和致死率最高的两种肝炎。

在所有这些肝炎类型中，乙肝是大家听到最多的。中国有着世界上最多的乙肝病毒携带者和慢性乙肝患者。我国共有 1.3 亿的乙肝病毒携带者，占总人口的 1/10，这就是说，几乎每十个人中，就有一位乙肝携带者。不过所幸，大多数乙肝携带者终生不会病发，即使转成了慢性乙肝，也可以通过很好地控制病情来防止进一步转化成肝硬化和肝癌。说到人类与乙肝的斗争历史，那是另外一个长篇故事。

下面回到正题，我们开始谈今天的主角——丙肝。

在 20 世纪 70 年代末，人类首次发现了一种通过输血感染的慢性肝炎，但令人惊讶的是，这种病毒既不是甲型肝炎病毒，也不是乙型肝炎病毒。直到 10 年之后，美国凯龙制药公司的研究团队才借助一种新的分子生物学方法，将这种新型肝炎病毒分离了出来，并理清了病毒基因组的几乎所有序列。至此，人类才首次确认了这种类型的肝炎病毒，并将其命名为 HCV，C 型肝炎病毒，中文就称为丙肝。

实际上，全球感染乙肝死亡的人数远远不及丙肝，丙肝是美国和欧洲一些国家的头号致死传染病，而且丙肝也是诱发肝癌的头号元凶。这到底是为什么呢？原因有几点。首先，大家对乙肝的重视程度比较高，体检的时候都有对乙肝病毒的筛查；其次，乙肝疫苗早已研发成功，并于 20 世纪 90 年代开始大规模推广普及，而丙肝病毒一直到 20 世纪 80 年代末才被人类首次成功分离出来。更何况，得了慢性乙肝而不治疗，一般需要 20 多年才会发展成为肝癌，甚至有些携带者终生不会病发。但是对于丙肝，这段时间要短得多，许多患者感染之后过了 10 年便已经发展成为肝癌。最长 20 年，多数的丙肝患者就会从慢性丙肝发展至肝硬化和肝癌。

一个极为可怕的事实便是：在甲、乙肝疫苗早已研发上市几十年的今天，丙肝疫苗却迟迟没有研发成功，也可能永远不会研发成功。这个原因就要从这种病毒的特异性说起了。

事实上，我国在 1994 年之前是没有任何丙肝检测的。于是，在二零零几年的时候，有许多平时很健康的人，偶然体检中被查出患有丙肝，一问，都是在 20 世纪 80 年代末 90 年代初曾经输过血。有人要问了：当年是什么传染源导致了大规模的丙肝病毒传染呢？其实并没有。造成大规模传染的原因，并不在于某一个传染源，而在于当年没有任何的检测手段来排查输血的人是否携带丙肝病毒。而时至今日，仍然不断有当年输血感染丙肝的患者过了20多年才被发现。你想象一下，如果现在有一个患有丙肝而没有被发现的人去献血了，他的血液可能会造成另外数个人感染病毒，这几个人再传染给更多的，如此指数级的扩散速度，是不可想象的。而相比之下，人类早在20世纪70年代初便发现了乙肝病毒，比丙肝早了快20年。这也是当今人类消灭丙肝的一个巨大绊脚石，那就是对于人口基数巨大的重灾区国家，比如巴基斯坦和非洲一些国家，可能存在着上千万的不知情的丙肝病毒携带者，需要筛查的人口数量极为庞大。

这个在30年前才被人类正式命名的肝炎病毒，比起它的兄弟甲肝、乙肝，却是毫不逊色。同甲肝病毒一样，虽然丙肝病毒也是一种单股正链RNA病毒，但却有一个可怕的特点——超强的变异性——它的变异速度竟然是DNA乙肝病毒的100万倍。乙肝病毒有疫苗是因为乙肝病毒的抗原性很稳定，很少会发生变异。而丙肝病毒的突变能力极强，堪比艾滋病病毒。丙肝病毒光是基因型就有7个大类，不同基因型之间的核酸的差异可以达到30％！这种病毒的数量之庞大和变异之快，会使得宿主的免疫防御系统很快就缴械投降。而且即便是通过服用抗病毒药物控制住了丙肝病毒，也会随时病毒的超强变异性而使它能够再次突破免疫系统的防线，因而病情复发。所以，丙肝疫苗的研发极为困难。

在丙肝病毒的发现初期，研究人员曾经束手无策，因为无法在体外的肝细胞培养这种病毒，只能使用它感染黑猩猩来研究病毒的复制过程。所幸，研究人员很快找到了攻克丙肝的突破口。首先，丙肝病毒是一种肝炎病毒，而药物通过口服可以很轻易地通过血液循环到达肝脏；其次，丙肝病毒是一种 RNA 病毒，它的自我复制的全过程，都将在宿主（人类）细胞的细胞质中进行，而无法达到人类细胞核中。所以，理论上来说，对于丙肝病毒，只要找到了合适的能够抑制病毒复制的药物，理论上是可以完全清除的。相比之下，反而是乙肝病毒难对付得多，因为它是一种 DNA 病毒，能够进入宿主细胞的细胞核，与宿主的 DNA 缠绕在一起。而人类现阶段的技术水平没有办法将药物送达细胞核中定向消除这段缠绕进来的乙肝病毒 DNA。所以，对于乙肝病毒，即使用药物抑制了病毒的复制，但是 DNA 信息始终留在细胞核中，一旦有机会，就会卷土重来。

为了帮助你更好地理解这类病毒的作用机制，我们先要来学习一些基础的生物学知识。DNA 的学名叫作脱氧核糖核酸，由含氮的碱基＋脱氧核糖＋磷酸组成，除了磷酸，这些都是不同类型的有机分子，比如一个碱基你可以看成就是一个很复杂的有机分子。因为核糖和磷酸都一样，而碱基又可以分为四种（腺嘌呤 A，鸟嘌呤 G，胸腺嘧啶 T，胞嘧啶 C），而 DNA，便是由这四种碱基配对形成的双螺旋结构，如同一个自下而上旋转的楼梯一样。在这个楼梯中的每一级台阶，都是一个嘌呤和嘧啶的配对，脱氧核糖和磷酸共同构成了楼梯的扶手。每种碱基可以与另一种碱基配对，A 总是与 T 配对，G 总与 C 配对。而 RNA 的全称是核糖核酸，与 DNA 相比就是少了"脱氧"俩字，顾名思义，就是 RNA 比 DNA 少一个氧原子，它由含氮的碱基＋核糖＋磷酸组成，而组成 RNA 的碱基与 DNA 也有所不同，它们是：腺嘌呤 A，鸟嘌呤 G，尿嘧啶 U，胞嘧啶 C，一个 T 变成了 U。再说一遍，DNA 是 AGTC，而 RNA 是 AGUC，所以，我们可以发现，DNA 和 RNA 真的很像，从分子结构上来说，就差了这么一点点，但这一点点结构的差异最终造成的效果却是天壤之别。DNA 存在于细胞核中，而 RNA 只存在于细胞质中，是 DNA 在表达成为蛋白质的过程中产生的中间体。打个比方，DNA 就像是 LV 店里正版的当季衣服，而 RNA 则好像是淘宝店主做出来的山寨款，虽然乍一看都一样，但是细节之处总能发现不同，这个比喻当然是吴韵韵想出来的，不是我，我从来没有进过 LV 的店。

DNA 存在于细胞核中，上面的碱基配对的顺序就是这个生物体遗传信息的终极图景，而我们常说的基因就是有遗传效应的 DNA 片段。如果把 DNA 想象成一根拉链，那么基因就是拉链上的一对牙齿。基因的表达通过 DNA 控制蛋白质的合成来实现。简单来说，DNA 就是组装人体这架机器的组装说明书，你想组装这台机器，就得去看DNA 这本书，但是这本书在图书馆里，不能外借。你只能用纸和笔将说明书一字字地抄下来，这个抄写的过程，叫作转录，而你抄好的手稿，个别的字母与原来的手稿不同，但是总体信息是一致的，这个手稿就叫作信使 RNA，简称 mRNA，m 就是英文中的 message。你把你抄的手稿拿回家，将一个个的零件和手稿里写的对上，这个过程叫作翻译，最终，你得到的是一个个组装好的零部件，这就是不同的氨基酸，这些氨基酸按照不同的化学形式排列，形成了不同结构和功能的蛋白质大分子。而蛋白质大分子们，又通过各种形式的结合，形成了人体的一个个细胞，最终拼装出了人体这台无比复杂而精巧的仪器。

那么病毒具体是个什么东西呢？病毒不是细胞，它并没有细胞膜、细胞质、细胞核这样完整的结构，它是只含有单一核酸的非细胞型微生物，必须在活细胞内寄生。也就是说，无论是何种病毒，都必须寄居于宿主的细胞内而生存。丙肝病毒，正是一种仅包含了单链RNA（也就是一条链结构）作为遗传物质的病毒。我们所熟知的许多曾经肆虐于人间的大规模传染病，比如十多年前的非典 SARS 病毒、非洲的埃博拉病毒、甲型 H1N1 流感病毒、禽流感病毒，等等，都是

RNA 病毒。

而 RNA 病毒的生物合成是极其独特的，当人体感染了丙肝病毒之后，病毒会把肝脏输送到血液中的脂粒颗粒当作特洛伊木马，向身体各部分的细胞中扩散，并通过与细胞膜上的某个受体结合的内吞作用进入细胞质，含有病毒的脂粒就好像是被细胞膜一口吃掉了一样，从此进入了细胞质之中。在细胞质内，丙肝病毒独特的单链 RNA 会编码成 10 组蛋白质，其中 3 组属于结构蛋白，也就是用来组成病毒自身结构的蛋白质。而另外 7 组蛋白质的功能是复制病毒所需要的非结构蛋白，也就是供病毒 RNA 复制所需要依赖的 RNA 多聚酶。

这个复制过程可以打一个比方来帮助你理解，就像是你手中的一页书，你要复印机复印出来一页。所谓的结构蛋白，就是复印所需要的纸张；而非结构蛋白，则是复印机。在多聚酶的作用下，病毒 RNA 会像 DNA 双链结构一样先利用碱基对配对合成出一段互补的 RNA 链，再解开，形成子代 RNA 链。因此，破坏蛋白酶的形成，成为抑制丙肝病毒自我复制中的关键一环。简单来说，就是破坏复印机，这样，也就无法复印出新的一页书了。

这里不得不提一句，与丙肝病毒的超强变异性类似的还有另外一种病毒，那就是人人闻之色变的 HIV（艾滋病病毒），也就是人体免疫缺陷病毒。超强变异性的病毒的特点在于能够成功地绕过人体的免疫系统，极易对药物产生耐药性，也使得疫苗的研发变得异常困难。而作为困扰人类寿命的两大终极杀手，HIV 病毒更厉害的地方在于虽然是 RNA 病毒，却是逆转录病毒，能够变成一段 DNA 整合进入宿主的染色体，宿主细胞完全无法清除已整合的病毒。这就是 HIV 无法治愈的原因，人感染了 HIV 都会终身携带病毒，没有任何人能够彻底清除。

要彻底治愈一种疾病，我们就必须把这种疾病产生的机制完全搞清楚才行，在人类没有现代医学之前，无法认识到细菌、病毒这些微生物是导致人体得病的根本原因，是不可能攻克这些疾病的。治本不是一句口号，如果连"本"是什么都没有搞清楚，怎么能谈得上治呢？例如，几千年的朴素哲学思辨和治疗实践都没有找到治疗天花的方法，现代医学了解了天花产生的根本原因，研制出了疫苗，从而让天花病毒从这个星球上消失，这才是真正的治本。

接着我将为你介绍人类如何运用现代生物学、化学和医学知识攻克丙肝病毒。

在治疗病毒类型的疾病方法中，有一种被广泛采用的方法就是注射干扰素，英文简称叫 IFN，那什么是干扰素呢？如果我们用病毒或者其他类似于某种病毒的诱导剂，去刺激网状内皮系统（人体免疫系统的一种），或者去刺激巨噬细胞、淋巴细胞、体细胞，那么这些细胞就能产生一种糖蛋白。这就好像我们用一支军队去佯装攻打城门，就是在城墙下面擂鼓射箭，并不是真的大规模进攻，但是守城的军队就会很紧张，会开始集结待命，还会做出很多反馈，比如在城墙上堆放沙袋，加强防护力，守军也朝城下射箭等。人体的免疫系统产生的糖蛋白就好比是守军的反馈，它们具有多种生物活性，包括抗增殖、免疫调节、抗病毒和诱导分化作用。干扰素又可分为 α、β、γ、ω 等几种。干扰素能诱导细胞对病毒感染产生抗性，它通过干扰病毒基因转录或病毒蛋白组分的翻译，从而阻止或限制病毒感染，是目前最主要的抗病毒感染和抗肿瘤生物制品。

早在 1986 年，美国科学家就发现一些丙肝患者在每周注射 3 次 α 型干扰素，并持续一年之后，病情消失了。然而，干扰素仅仅是一种广谱抗病毒剂，说白了就是增加人体的抵抗力，就好比你的免疫系统本来是只有 10 万人的军队，吃了干扰素之后扩充为 20 万人的大部队，对抗外敌的能力也就相应加强了很多。但是，干扰素治疗也有较大的副作用。干扰素治疗非常昂贵，且耐受性不好，对于 1 型丙肝病毒的效果仅有不到 50 % 的治愈率。而 1 型丙肝也是现在最普遍和最难治愈的丙肝类型。

直到 1999 年，德国的美因茨大学的拉尔夫·巴腾史拉格将部分丙肝病毒基因引入人类肝癌细胞之中，宣布成功实现了丙肝病毒的体外复制，人类才开始逐渐摸清丙肝病毒的完整感染过程。

有一种治疗思路被称为靶向治疗，也被更形象地叫作生物导弹：把治疗目标锁定在某一个生物分子层面的点上，有针对性地破坏这个点位，最终消灭敌人。这个目标点就被叫作靶点。而人们首先想到的靶点就是丙肝病毒 RNA 编码形成的非结构蛋白序列中的 NS3，也就是我之前讲到的，将病毒的自我复制想象成为一页书，想要复印成另外一页书，非结构蛋白便是复印所需要的墨水。而抑制丙肝病毒的自我复制，就是要阻止它自己复制自己的这个过程。而基因组中的 NS3 靶点，对应产生的是丝氨酸蛋白酶，将会参与丙肝病毒多肽链的剪切。此外，NS3 还可直接破坏宿主细胞，抑制其对干扰素的应答。也就是说假设我们能够成功地解析出 NS3 这个蛋白酶的分子结构并研发出能够阻断 NS3 蛋白的抑制剂，丙肝病毒将不能够在自我复制过程中精准地拆分出原件和复印件，而是发生两页粘在一起的情况，就不可能接着往下复印了。

不过，当科学家们成功得到 NS3 蛋白酶晶体并成功解析出立体结构时，却遗憾地发现，NS3 这个蛋白质分子上面并没有任何可以结合抑制剂的口袋结构，想要抑制病毒的自我复制并没有那么容易。尽管如此，在 2003 年，科学家们还是找到了某种方法。加拿大的勃林格殷格翰制药公司成功发明了第一款能够成功阻断 NS3 蛋白分子的药物，取名为 BILN2061。服用之后，病人体内的病毒载量下降到了原来的千分之一，并且在对最难对付的 1 型丙肝的治疗中表现相当优异，远甚于同时代的主流干扰素搭配抗病毒小分子药物的疗法。这里简单说一下，丙肝病毒有多种，按照基因类型来分有 6 个类型，就好像我们人类根据长相，分为黄种人、白种人、黑种人一样，丙肝病毒也根据 DNA 的不同分为不同的类型。其中 1 型丙肝最为难治，治愈率最低。

自从 BILN2061 研制成功之后，其他实验室也分别在 2011 年研发上市了 NS3 抑制剂型药物，分别叫作特拉匹韦和博赛泼维，名字都稍微有些拗口，希望大家不要被我绕晕了。虽然此类药物与传统的干扰素治疗相比，显著地提高了 1 型丙肝的治愈率，但是，丙肝病毒也不是那么容易就缴械投降的。这个病毒的变异性实在是太强了，只需要一个突变，就可以绕过药物的阻断而成功地卷土重来。但是，这些使用单个靶点进行攻击的简单药物，吹响了人类攻克丙肝战役的冲锋号，在此后的短短数年时间内，人类的智慧便战胜了这个狡猾又诡计多端的病毒。

在充分研究了丙肝病毒的基因组之后，另一个充分研究的靶点则是 NS5B，这种蛋白是在丙肝病毒复制过程中编码 RNA 所必需的聚合酶，在病毒复制和装配过程中起重要作用。你可以理解成这是推动复印机运转的齿轮。同 NS3 一样，NS5B 也是非结构蛋白，意思就是，这类蛋白质并不是 HCV 病毒自身的一部分，它们只在病毒的自我复制过程中起关键作用。在 1999 年的时候，人们便已经成功分离和纯化出了 NS5B 晶体，并全方位地解析了其立体结构，发现了 NS5B 上面有不少可供抑制剂结合的位点。于是，各大药企便开始了科研竞赛，争相研发 NS5B 抑制剂药物。终于，在 2004 年，第一款抑制剂出现了，到了 2010 年，鼎鼎大名的丙肝神药——索非布韦闪亮登场。它由一家初创公司研发成功，并在 2011 年被知名药企吉利德收购。

2012 年，索非布韦的第一批临床结果出炉，联合使用抗病毒小分子药物，索非布韦在治疗各基因型丙肝上都呈现了非常显著的治疗效果，并且耐受性很好，还可以兼容其他抗病毒药物。于是，在 2013 年，索非布韦就以火箭的速度获得了 FDA 的批准，上市售卖。这里补充说明一下，在美国，一款新药想要拿到 FDA 批文，在进入临床试验之后还需要经过 3 个阶段，临床试验时间在 2005—2009 年，平均是 6.4 年，而平均每一款被批准的药物所耗费的研发资金量是惊人的 28 亿美金。而索非布韦在 2012 年被收购的时候，正处于临床的最后一阶段，故而吉利德也付出了 110 亿美元的惊天收购价。索非布韦也被誉为 "2013 年 FDA 被批准的最为重磅的药物"。仅仅在 2014 年的第一季度，索非布韦的销售额就达到了惊人的 21 亿美元，二季度 35 亿美元。在美国，上市后第一年就达到 10 亿美元销售额以上的药物，历史上只有三个。而索非布韦不仅创下了 FDA 史上最快新药通过速度，更是在上市之后的首季度业绩就达到 21 亿美元，实在是神药中的神药。仅仅在索非布韦上市之后的 30 个星期之中，全美就有超过 6 万丙肝患者接受了索非布韦的治疗，达到美国总丙肝人口的 5%。人家的药物是真有疗效，任何一款中成药如果能达到这种疗效，同样也可以在美国上市，狂揽几十亿美金，俗话说，是骡子是马拉出来遛遛，大规模的双盲随机对照临床试验就是最好的遛马场，这与文化无关，检验标准全人类通用。

不过，树大招风。作为 2013 年 FDA 的明星药，索非布韦在短时间内就能创造如此之大的销售额，一个重要原因就是价格贵。为此，全美各地还爆发过许多游行，群众举牌抗议吉利德对索非布韦标以如此高昂的售价。在美国，一个疗程的索非布韦的治疗费用是 84000 美金，折合约 50 多万人民币，平均下来，一片药的售价超过了 1000 美金。如此高额的费用不仅让众多患者望之却步，也让吉利德遭受了巨大的非议和争论，甚至还收到了众议院的询问，要求吉利德解释为何将该药定价如此之高。而出于民意，吉利德公司也不得不从 2015 年开始逐步降低了索非布韦的售价。不过，也不得不客观地说，美国各大药厂之所以有源源不断的资金投入研发新药，其中很大一个原因就是药品的定价遵循市场经济原则，美国政府既不直接制定药品价格，也不对药价进行控制，药品的价格完全由市场决定。制药厂根据药品品种、规格、成本和受欢迎程度自行定价，医疗保险公司不允许直接参与定价。一款明星药往往能给药企带来数百亿美金的收入。比如，作为辉瑞药业历史上无人不知、风头无两的神药，蓝色小药丸——伟哥，在 2003—2016 年，连续每年给辉瑞带来 15 亿—20 亿美金不等的营收，总收入超过了 200 亿美金。

在研发 NS5B 抑制药物的同时，人们也把目光放在了另一个非结构蛋白的靶点——NS5A 上面。与 NS5B 相似，5A 是一种磷酸蛋白，可以与多种宿主细胞蛋白相互作用，对于病毒的复制起重要作用。在 2012 年，首款 NS5A 抑制药物达卡他韦也问世，在临床试验中，只需要使用 BILN2061 四分之一剂量的达卡他韦能够将血液中的病毒浓度降低到原来的千分之一。2014 年是一场全球新型抗丙肝复方药物开发的竞赛，吉利德和艾伯维两个药厂的复方药相继上市。所谓复方药，就是联合了两种药物的综合疗法。比如吉利德的新药哈维尼（Harvoni）就是使用了神药索非布韦和另外一种 NS5A 抑制剂雷迪帕韦。达卡他韦也终于在 2015 年获得了 FDA 的批准予以上市。目前，在美国和欧洲共有 5 种联合使用 NS3、NS5A 以及 NS5B 抑制剂的疗法获得了批准，可用以治疗所有基因型的丙肝，对于最难治疗的 1 型丙肝，治愈率也已经达到了令人欣喜的 95 %，并且只需要短短的 12 周。

讲到最后，让我们再来回顾一下丙肝病毒，它在人类文明史上的出现只是弹指一瞬间。20世纪70年代末，人类首先发现这种非甲非乙型的病毒，并在1989年成功分离而命名为HCV。从20世纪90年代初开始，人类开始尝试使用干扰素治疗丙肝，但是效果不尽如人意。此后十多年的时间中，医生只能通过干扰素配合小分子抗病毒药物的综合疗法，来不断增加丙肝的治愈率。直到2003年，首款抑制剂药物BILN2061面世，拉开了人类使用靶向药物抑制剂攻克丙肝的序幕。到了2013年，史诗级神药NS5B抑制剂药物索非布韦问世，在获批之后的一个季度收获了21亿美元的收入，创造了美国医药史上的神话。随后不久，另一个非结构蛋白靶点的抑制剂药物达卡他韦也成功研发上市。

至此，通过DAA（direct- antiviral drugs），即抗病毒小分子药物的综合疗法，使得人类攻克丙肝的战役进入尾声。结合神药索非布韦和雷迪帕韦，即使用NS5B和NS5A两种抑制剂药物的综合疗法，只需要连续口服12周，就可以治愈高达95％的最难治的1型丙肝，也就是说，全世界超过95％的丙肝患者，都将有被治愈的可能。而随着更多种抑制剂结合的综合疗法不断获得批准，人类对抗丙肝的这一仗在短短的数年之内就已经一路高歌猛进，获得了压倒性的胜利。而我们也仿佛听到了终极胜利的号角，完全消灭丙肝病毒的那一天就在未来不远的地方向我们招手。而许多人也不禁开始畅想，在我们的有生之年，丙肝病毒就会如同天花病毒一样，成为永久的历史遗迹而不复存在。

可惜，现实并没有我们想象的那般乐观。首先存在的一个问题便是：由于丙肝的检测手段从20世纪90年代初才开始出现，当今世界上还存在着大量携带丙肝病毒而没有发作或者还没有被检查出来的携带者或者慢性丙肝患者，这部分人口的筛查和检测，将会是一项需要巨额资金支持的工程。其次，虽然如今丙肝治疗药物的价格已经显著下降，并且印度也已经出现了类似索非布韦的仿制药，但是丙肝的治疗费用，对于许多深受丙肝困扰的发展中国家而言，依然是一个极其沉重的负担。

从世界范围来看，世界卫生组织的 194 个成员在 2016 年的 5 月已经集体宣布，要在 2030 年前消灭乙肝和丙肝，掐指一算，只有短短 7 年了。对于已经发明了有效治愈手段的丙肝而言，治疗费用对于大部分发展中的国家而言，仍然是一笔不可想象的沉重负担。而对于人类尚未完全攻克且深受困扰的乙肝病毒，在短短 7 年的时间里，我们是否能够打一场如同对抗丙肝一样的漂亮翻身仗，这个问题让我们这一代人拭目以待吧。

从 18 世纪中叶人类首次通过显微镜观察到细胞的内部结构，巴斯德发明了消毒，弗雷明发现了青霉素开始，现代医学的漫长征途到如今才刚刚开始不到 200 年，但是它已经取得的成果比全世界所有传统医学几千年成果的总和还要大得多。人类的平均寿命，也从 18 世纪和 19 世纪初战乱年代的 30 多岁，迅速地增长到了近 80 岁。如果我们不幸早生了 100 年或者 200 年，寿终正寝或者活过 60 岁，是一件很小概率的事情。而反观人类数千年历史的长河，生而为人能够见到自己的孙子孙女，是在最近的 100 年才变成了一件稀松平常的事，这些都是现代医学带给人类的礼物。再过 20 年，在我们的孙子辈出生的孩子们眼中，丙肝病毒也许会和黑死病、天花、狂犬、鼠疫这些古老的名词一样，只是曾经的一段历史。这真是一件值得庆幸的事情。

现代医学是人类共同的智力财富，没有东西方之分，在我们判断医学的好坏时，唯一应当考虑的是科学性和医学伦理，民族感情最好能放下，这也是科学精神的重要组成部分。

其实比丙肝更值得谈的话题是乙肝。我国直到 2010 年才终于明文规定：除餐饮等特殊行业外，不得强制进行乙肝两对半检查。而在此之前，有无数的乙肝携带者都曾在入职、求学的过程中，因为自己是病毒携带者遭受了无数的冷眼、非议和不公正待遇。我相信在我的读者中，也有很多乙肝病毒携带者，我运气好一点，不是携带者，但我出过水痘、得过面瘫，也够惨的。但也恰恰是那次 20 多岁时治疗面瘫的经历让我终于理解了什么是自限性疾病，也终于看清楚了通过"治疗"自限性疾病而成为名医、发家致富的民间"神医"。常见的自限性疾病还有：腮腺炎、水痘、上呼吸道感染、咽峡炎、玫瑰疹、腹泻、痱子、手足口病等。特别说明，我不是说自限性疾病无须就医，而是说不用太紧张，也无须去找"神医"或者老专家看，这些自限性疾病只要是正规医院根据《用药指南》来医治，都能痊愈。

宫颈癌疫苗——中国人献给世界的又一礼物

本章要讲的是一种妇科恶性肿瘤，但科学不分男女，欢迎男性朋友了解后积极与身边的女性分享。我要说的就是宫颈癌，它是发病率仅次于乳腺癌的妇科恶性肿瘤，也是最常见的女性生殖道恶性肿瘤。它的早期有接触性出血，中晚期为不规则阴道流血，还伴有尿频、尿急、便秘和下肢肿痛等。它的高发年龄为 30—55 岁，近年来有年轻化的趋势。公开资料显示，全球每年新发病例 60 万。中国每年新增病例约 13.5 万，其中 8 万人因此死亡[1]。而即使在治疗之后，约半数的患者仍会在一年内复发。

　　宫颈癌有一个特别之处，在被称为"绝症"的癌症领域里，它几乎都是由病毒引发的癌症，它的致癌病毒是"人乳头瘤病毒（HPV）"。发现并确认 HPV 和宫颈癌关联的是德国病毒学教授豪森，他分析了来自世界各地的宫颈癌肿瘤切片后，发现恶性肿瘤里都有 HPV。1974 年，在一个研究单纯疱疹病毒致癌的学术会议上，他提出了"HPV 才是导致宫颈癌的罪魁祸首"的新观点。他的发现为开发宫颈癌疫苗打下了基础。2008 年，72 岁的豪森获得了诺贝尔生理学或医学奖。

　　HPV 的致癌过程是缓慢而可逆的：从"HPV 感染"到"持续感染"，再到"癌前病变"，最后到"癌症"，一般需要 10 年左右，中间过程中既有可能自行好转，也可以通过治疗癌前病变而阻断。HPV 感染常见吗？太常见了，如果你有性行为，感染它就和患上感冒那样常见。据估计，有性生活的妇女一生中至少感染一种 HPV 的概率最高达 80%，但绝大多数的 HPV 感染在 8 个月内会自然清除[2]。

　　从理论上讲，既然某种疾病是由病毒感染导致的，那么就可以发

1　http://news.163.com/16/0720/13/BSE1NG3H00014JB5.html

2　https://zhuanlan.zhihu.com/p/21745260

明出一种针对这种病毒的疫苗。通常情况下，疫苗都是按这样的思路制作的，通过改造或弱化某种病毒，让它丧失引发疾病的能力但却能激发身体的免疫系统产生抗体。这样，当真正的病毒侵犯时，免疫系统就可以用已有的抗体来对付这种病毒。

然而，HPV 是一种特殊的小 DNA 病毒，不能单独进行繁殖，必须寄生在活细胞内。而且，当 HPV 在活细胞中繁殖时，它的基因会与细胞的基因产生融合。如果不能获得病毒，那么疫苗的研制就是空想。20 世纪 80 年代，世界上至少有 2000 多位科学家在研究 HFV 与宫颈癌，他们冥思苦想，希望找到提取或制作这种病毒的方法。

最终攻克这个难关的是一对来自澳大利亚和中国的黄金组合，他们是免疫学家弗雷泽和分子学家周健。这是一个鲜为人知，但足以给中国人争光的故事。

周健 1982 年毕业于温州医学院，1988 年，他前往剑桥大学的帝国癌症研究基金会做科研。第二年，周健的妻子孙小依也获得了访问学者的职位，来到周健身边成为他的助手。

在剑桥，周健遇见了从澳大利亚昆士兰州到剑桥度学术休假年的伊恩·弗雷泽，而他们的实验室正相邻。弗雷泽发现周健不仅是一位优秀的分子病毒学家，而且对 HPV 特别感兴趣。弗雷泽和周健都非常勤奋，每天最早来到实验室，最晚离开。他们经常在喝咖啡时相遇，并谈论彼此间如何合作验证一些新的设想。1990 年，弗雷泽准备回澳大利亚时，周健夫妇接受了他的热情邀请来到昆士兰大学的免疫学实验室，继续共同研究 HPV。

研制宫颈癌疫苗的一个最大问题是如何获得 HPV 病毒，这个问题困扰了他们很久。终于在 1990 年底，周健突然有了合成病毒的想法，孙小依还嘲笑他想法太简单了。在周健的催促下，孙小依抱着试试看的心态，将两种小分子HPV蛋白放在试管里捣鼓。没想到，两周后，奇迹果然发生了！两种小分子HPV蛋白居然自行组装成了病毒样颗粒蛋白。

弗雷泽对这件事情印象特别深刻，他后来回忆说："我清楚地记得1990年年底那个特别的日子，我们第一次看见了一张病毒样颗粒的图片！"他们最终确认，病毒样颗粒能够激发免疫反应。也就是说，他们成功地获得了HPV病毒。两人的第一篇论文发表在1991年第185期《病毒学》期刊上，论文中详细介绍了制造病毒样颗粒的实验细节。

之后，随着研究的深入，弗雷泽和周健又进一步确认：病毒样颗粒所产生的免疫反应足以让它制成疫苗。随后，昆士兰大学开始与有疫苗研发能力的制药公司联系。

这是一项有望获得诺贝尔奖的重大科研成果，此时的周健年仅42岁，正值个人学术生涯的黄金年龄。然而，周健和他的妻子都没有意识到，悲剧已经在悄悄地酝酿。

1999年，宫颈癌疫苗的临床试验还在世界各地进行。周健回中国进行学术访问。3月9日，周健突发感染性休克，这是一种由微生物及其产生的毒素引起的严重疾病，非常凶险，当天便被下达了病危通知单。令人扼腕的是，病情发展迅速，第二天周健就被夺去了生命，真是天妒英才。据孙小依回忆："周健的身体一直很好，出国十来年没有请过一天病假，他的勤奋是有目共睹的，他经常一周工作7天，日夜操劳。1999年2月，他整天坐在那里写基金申请书，写完后说'我怎么这么累啊？'我就劝他休息，3月份不要到温州去了。但他坚持要去。"就在病发的前一天晚上，周建还给家里打电话，儿子在电话里说："爸爸，这次回来你给我买什么礼物？给我买一个最新的乐高吧！"周健说："没问题，我肯定给你买回来。"没想到这句话竟成了永诀。

2015 年 6 月 11 日，周健和弗雷泽因为对宫颈癌疫苗的研发贡献获得了当年的"欧洲最受欢迎发明奖"，这是一个重量级的奖项，由全球的公众投票产生。然而领奖人周健却已经长眠于九泉之下，他的遗孀孙小依代领了这个大奖。今天的宫颈癌疫苗不是用真正的病毒生产的，而是用转基因技术生产的病毒样颗粒。这种颗粒不含病毒感染成分却能刺激身体产生免疫反应，这是人类医学史上的一项突破。

我们通常会看到疫苗的前面总是有个定语，叫几价或者几联疫苗，比如 4 价疫苗，4 联疫苗。这里的价和联并不是同一个意思，价指同一种微生物体的不同型别，联指不同的微生物体种类。比如HPV4 价就是预防 HPV 病毒的 4 个型别，孩子常规接种的 5 联疫苗则指预防脊灰、白喉、百日咳、破伤风、流感嗜血杆菌这 5 种微生物引起的疾病。

弗雷泽所在的澳大利亚是宫颈癌疫苗首批投入使用的国家之一。自从开始为女孩注射 4 价疫苗后，记录显示少女出现宫颈细胞高度异常的比率明显下降，而且 HPV 引起的生殖器疣的患病率也大幅下降。在英国，很多地方都可以打 HPV 疫苗，如果是 18 岁以下的未成年人，还可以免费接种。2016 年时，英国卫生部还草拟了一个颇具争议的计划，规定 12 岁以上的在校女学生都必须强制接种该疫苗。而在美国，疾病预防控制中心（CDC）从 2006 年起就开始大力推广 HPV 疫苗，并鼓励建立强制接种制度。然而，美国各州对此反应冷淡，强制接种的议案一次次在州议会被否决[3]。究其原因是因为安全问题。截至 2006 年 6 月，HPV 疫苗共生产了 2300 万剂，其中有不良反应的事

3　http://opinion.caixin.com/2016-07-25/100970242.html

件为 12424 起。据美国 CDC 的报告显示，注射 HPV 疫苗之后往往伴随着红肿与疼痛，同时还可能产生头晕、恶心、头疼等副作用，严重的还可能出现昏厥。而在我们的邻国日本，截至 2014 年 11 月，共有 338 万中学生接种了 HPV 疫苗，其中 2584 人出现了健康损害。日本政府的态度由"提倡女性接种"变为了"在告知接种利弊后，自由选择接种"。但是，经过世界卫生组织仔细的评估，目前确认日本等国家出现的所谓 HPV 疫苗严重不良反应，其实与疫苗之间不存在因果关系，所以大家可以放心接种任何 HPV 疫苗 [4]。

2017 年 9 月，国内首个获批的宫颈癌疫苗（2 价疫苗）正式上市供货 [5]。为什么一项可以造福全人类的疫苗在中国上市却如此艰难，比美国晚了 10 年？我只能说，个中原因非常复杂，可以说是由我们的体制和国情决定的 [6]。

2017 年下半年时，一些国内城市的医疗机构已经可以预约接种宫颈癌 2 价疫苗，也就是葛兰素史克公司研发的"希瑞适"。而另一种由默沙东公司研发的 4 价疫苗"佳达修"，当时虽然还不能在国内任何城市接种，但也已经审批完毕 [7]。另外，很多女性关心的 9 价疫苗默沙东公司的"佳达修 -9"当时预计也将于两年内上市。那么 2 价、4 价和 9 价疫苗究竟有何不同呢？是不是价数越高防癌效果越好呢？

之所以会有那么多的"价"，是因为 HPV 并不是一个单一类型的病毒，它有 170 多种类型，其中 14 种被列为"高风险"。而风险最高的 HPV 16 和 18 型可导致约 70 % 的宫颈癌病例。2 价疫苗希瑞适针对的就是这两种病毒。而 4 价疫苗佳达修能预防 4 种病毒，但是它比

4　http://mp.weixin.qq.com/s/fBQBN2ciiYTWLdiqP7tDWA

5　http://news.k618.cn/society/201710/t20171004_13508251.html

6　http://mp.weixin.qq.com/s/If0UzW6zYAstw_lSycUQKA

7　http://www.sohu.com/a/141863935_464396A

2 价多出的 2 种类型并不属于宫颈癌高危型病毒，但这两种病毒可以引发尖锐湿疣和外阴癌，所以 4 价疫苗还有预防性病的作用，它的注射对象还包括 9—26 岁的男性。而 9 价疫苗可以预防包含前述在内的多达 9 种病毒，2014 年美国 FDA 批准其上市。

以上这些是官方公布的信息。然而，我却在网上看到了一条不同的消息，那就是：和欧美人不同，在中国人群中，感染率最高的高危型 HPV 病毒是 16、52、58。这也就意味着注射 2 价和 4 价疫苗对中国女性防治宫颈癌效果有限，只有 9 价疫苗能切实涵盖高危病毒类型。这条传闻是真的吗？我的调研结论是：很有可能所言非虚。我查到四篇相关的医学论文[8]，论文中提到的流行病学调查样本总数在 3000 左右，地区包括广东、江苏和上海，结论确实指向目前已经上市的疫苗的针对性不是最好。但是在中国国家食品药品监督管理总局 CFDA 的官网上，关于此问题引用了《南方周末》的一篇文章[9]，标题是："辟谣:《用 10 年批准了一个被世界淘汰的疫苗》所言果真如此吗？"此文的核心论据是"2007 年，中国流行病学家乔友林教授公布了已完成的调查研究结果：85 % 的中国女性的宫颈癌是由 HPV 16 和 18 型所致，这一数据明显高于全球平均水平[10]。也就是说，中国药监局的观点是认为已经批准上市的两款疫苗的针对性是足够高了。但我看到文中提到的数据来源不够清晰，除了口述我没有找到更可靠的出处，也没有提到乔友林教授的论文是发表在哪个期刊上，同行的意见是什么。

其实光从理论上来说，能防治 9 种病毒，肯定比 4 种强，绝对比

8　http://www.docin.com/p-944593543-f4.html
　　http://www.cnki.com.cn/Article/CJFDTOTAL-ZGYA201334030.htm
　　http://www.cnki.com.cn/Article/CJFDTOTAL-YZWS201306016.htm
　　http://www.cnki.com.cn/Article/CJFDTOTAL-ZXDY201104016.htm

9　http://www.sda.gov.cn/WS01/CL1803/160900.html

10　http://www.sda.gov.cn/WS01/CL1803/160900.html

2 种强。但 9 价疫苗的安全性和有效性是不是一定比 4 价和 2 价好，这涉及免疫学的很多深层次问题，需要数据和时间来验证。不过，已有证据表明 2 价疫苗的实际保护效果优于 4 价疫苗[11]，是否能超过 9 价疫苗还不好说。

那宫颈癌疫苗几岁接种最好呢？希瑞适在中国内地获批适用于 9—25 岁的女性，FDA 批准的应用年龄为 9—26 岁，欧盟和香港给出的范围则更广：9 岁以上的所有女性。一般认为，青春期女孩是接种的首选人群，最好在有性生活之前完成接种。FDA 不建议 26 岁以上的人群接种 HPV 疫苗，主要原因并不是 26 岁以上的人群接种 HPV 疫苗没有作用，而是因为现阶段的研究成果缺乏，无法量化有效程度[12]。对了，4 价和 9 价疫苗男性接种也有好处，能预防尖锐湿疣，并降低 HPV 传播，从而避免伴侣因感染 HPV 患上宫颈癌和湿疣[13]。

2017 年近年末时，在国内打三针希瑞适的价格约为 2000 元。注射疫苗并不是终生有效的。接种后的保护期是 6 年[14]，但保护效果不会随着时间的推移而减弱。6 年这个数字主要是因为该疫苗上市也才 11 年，是否有更长的保护期甚至终生有效，只有留给时间来回答。因为不是 100 % 能防治宫颈癌，所以接种过的女性仍然需要进行宫颈筛查。而宫颈涂片是目前对宫颈癌最有效的诊断方法。对于有性生活的女性来说，无论你是否接种过 HPV 疫苗，每年都应该做宫颈涂片筛查。另外，避免过早开始性生活、性伴侣固定、使用安全套和注意个人卫生等都是有效预防宫颈癌的措施。

那面对现在已经上市的 2 价疫苗，我们要打吗？我觉得，至少

11 http://mp.weixin.qq.com/s/R2cBoisxZ1FavCjtp8fzWw

12 http://www.sohu.com/a/134940507_477124

13 https://zhuanlan.zhihu.com/p/21745260

14 https://news.sina.cn/2017-08-01/detail-ifyinryq7446305.d.html?pos=3&vt=4

它能明确预防中国女性人群中感染率最高的 HPV-16，如果经济允许，年龄在 9—25 岁的女性，建议接种。4 价的佳达修批准的对象是 20—45 岁的女性，与 2 价疫苗基本是错开了，建议 25—45 岁的女性接种 4 价疫苗。至于两种疫苗批准对象交叉的部分，即 20—25 岁的女性，建议接种 2 价疫苗（前面介绍过，2 价疫苗防癌效果略优于 4 价疫苗）。

与自己对话

你或多或少会有这样的一些经历，在办公室里面思考某个问题时，脑海里面会出现一个念头：这事还真是麻烦。有时候这种念头会变成你与另一个人的对话。

这就是内部语言。所谓的"内部语言"就是脑海中涌现出的各种想法、画面和感觉，变成了自己和自己的对话。它分为独白型和对话型。独白型是这样："今天又吃多了，明天得去锻炼了。"对话型则可能是自己和别人的对话，例如："友：再不疯狂我们就老了。我：心不老，随时可以疯狂。友：疯狂一把，你打算干啥？我：去阿拉斯加钓鳕鱼。"

而如果你把内部语言发声说了出来，那就是自言自语了，比如打游戏打得紧张的时候，忍不住脱口而出："猪啊，你就不能快点儿。"小孩子是最喜欢自言自语的，比如"宝宝不要去幼儿园，不去不去不去""宝宝要飞到天上去，比小鸟飞得还要快"等。为什么小时候就会开始自言自语，长大了以后的内部语言又从何而来？20世纪30年代，苏联心理学家维戈茨基就提出："儿童在自言自语时，会主动使用以前和他人交流时成功使用过的语句；儿童这样做不是为了和他人交流，而是为了更好地掌握语言；而成年人无声的'内部语言'，源自我们在儿童时期和他人的对话。内部语言和一般的对话拥有相同的结构，即不同的观点会轮流发言。"

费尼霍指出："关于对话很重要的一点是，它具有自我调节的属性。当你和他人交谈时，并不存在一个第三者站在一旁指挥你下一句说什么。相反，你和交谈对象通过询问、质疑、回应、同意等形式，互相调节着对方的语言。同样的道理，内部对话也是如此。区别就是，脑海里的对话可以推翻了再来反复模拟，现实里的对话机会通常只有一次。

内部语言和自言自语中常常出现省略，和我们与一个明确谈话对象直接交谈时类似。比如你女朋友快过生日了，你脑袋里的独白可能是这样："她到底喜欢啥呢？便宜点应该没关系吧？要不问问她想要啥，还是生日那天给她个惊喜？"你有没有发现，在脑海里自言自语时，你很少会提到她的名字，用的都是"她"。

费尼霍发现："内部对话除了左半脑的语言系统，还会用到右半脑的'社会认知系统'"。研究人员之前预测，内部独白和内部对话，这两种形式的内心活动都需要激活大脑中基本的语言系统。他们还认为内部对话有其特殊性，会额外激活那些用来理解他人想法的脑区。这些脑区属于所谓的"社会认知系统"，可以帮助人类理解他人的思维、信念和需求。实验结果提供了初步的证据，证明语言系统和社会认知系统虽然看似功能不同，并分别位于两个脑半球，但这两个系统可以协同工作。

作者费尼霍和都柏林三一学院的麦卡锡·琼斯进行的研究则概括了内部语言的特点：形式为对话、语言精练、会结合他人语音、能起到评价或激励行为的作用。

实际上，内部语言人人都有，总体上，内部语言利大于弊。它有助于做计划、控制行为、调节情绪和激发创造力等。但如果你的脑海里经常有充满暴力和侮辱特征的"魔音"响起，那就有可能要引起警惕。严重的话，可能导致重性的精神疾病，也就是精神分裂症，用平常话说就是"这个人疯了"。为了这章的内容，我采访了一个真实的精神分裂症的案例。当然，我在采访她的时候，她已经康复出院，但发病时的记忆是完全保留的。下面要讲的这个故事是她口述我整理的。

我从小就是个喜欢自己和自己说话的孩子。我甚至会模拟名著中的对白，自己的脑海里会出现好几个角色，我可以用英语完成他们的整篇对白。我把这个看成是自己和自己玩的小游戏，乘车时步行时，就会来上一小段。在重要的事情，比如面试来临前，我也会反复模拟自己和面试官的对话。我很喜欢写作，但不是文艺女青年。我很开朗乐观，积极正面向前看。模拟对话在我看来并没有什么特别的，直到2015年9月。

那时，我就职于一家IT公司，我在那里已经工作了7年。工作还是如常，并不算忙碌，可我完成工作却越来越费力。我感觉无法集中精神，大脑经常一片空白。而且我失眠，非常严重的失眠，一星期可能只睡了10小时。那时的脑海里总是会出现各种嘈杂的声音，不再是清晰明了的自言自语和对话，而是混沌的让我头痛欲裂的"魔音"。小区里的猫叫声尖锐刺耳到我想撞墙，这些"魔音"则是时而出现时而隐遁，充斥着暴力，比如"我要弄死你"。我不由得怀念起了过去，开朗地在脑海里编织对话的自己。但，现在情况并不一样。

渐渐地，我发现脑海里的声音一直在攻击我、辱骂我，而我自己也变得有了暴力倾向。"脑：你怎么不去死呢！我：我要把你的声音屏蔽掉！脑：怎么可能，哈哈哈哈，你以为你是谁！"慢慢地，这个声音开始把我身边的人牵扯了进来："脑：你妈妈都恨你，你一事无成，你还不要脸！我：滚！脑：该滚的是你，哈哈哈哈！"我走在路上，总觉得身边的人都在交头接耳地讨论我，魔音又会响起："脑：他们四个正在讨论怎么开车撞死你！我：是真的吗？脑：你只有快点走过去然后逃回家。"可怕的事情发生了，我渐渐听从了脑中的声音，我觉得爸爸妈妈都和我不再亲近，我也充满了恐惧，觉得随意说着话的人都是想要迫害我。

终于，在妄想的作用下，我狂躁了。一天早晨，我群发了一条消息：公司的约瑟夫和蒂娜在一起了，他们都已婚，我发现了他们在一起的证据，他们想要害我。可想而知，这条信息在公司引起的轰动。这是我第一次有他们两人在一起的想法，我说出的话似乎并不受自己控制。

蒂娜把这件事告诉了我妈妈。随即，父母把我送去了宛平南路600号，龙华医院对面的"上海市精神卫生中心"，我被初步诊断为"精神分裂症"收治入院。入院的最初几天，我都是狂躁的状态。我做了被医生称为"改良"的电休克疗法，打一针就睡过去了，醒来时不好的记忆会部分消失掉，但过了几天又会回来。要知道，做改良前，我几乎已经一个月没好好睡觉了。除了"改良"，治疗的项目还有"内观"，听着音乐放松地冥想，医生也会带领我们画画、做游戏和唱歌。一个月以后，我的病情就基本稳定了。其间，公司领导来看过我，表示恢复后我仍然可以回公司上班。父母帮我办了大病医保，出院后每月的药费自费在100元以内。没有错，很便宜，但药很有效。说明一下，都是西药，绝对不含中药。

我对自己脑海里的"内部语言"非常敏感，我非常害怕"魔音"再现。但我找不到人交流这个问题，医生和我们交流的都只是基础的病情，然后调整药量。在医生眼里，我们并不是正常人，所有的过多的询问在他们看来都是异常的表现。所以，我只能自己看书和查找资料。医院每天的3点至4点半是家属探病时间，周一因为要集体洗澡换病号服而取消。一周有6天我爸妈都会来看望我，可怜天下父母心。医院里是不能带手机的。拿到探望的父母递过来的手机，我就抓紧查资料。我的英语水平还不错，能看懂各种文献，加上自己对病友的观察和了解，我渐渐对内部语言和精神分裂症的关系有了如下概述："精神分裂症有三大典型症状：妄想、幻听、幻视，以及因此引发的狂躁和抑郁交替。而妄想，也就是假设不存在的事实切实发生了，会在头脑里形成多个角色发声，产生幻听。"2009 年的英国专业期刊《心理医学》提出：精神分裂症患者内部语言的幻听和普通人的内部语言并没有明显差异。但普通人的内部语言大部分是正面的积极的，自己可控。而精神分裂症患者的内部语言往往不受控制，负面消极且暴力。其实，《英国精神科》期刊早在 1996 年就提出：精神分裂症患者的幻听与缺乏对自己语言思维（尤其是内部语言）的监控有关。我觉得文献里说的都很有道理。自始至终，魔音的声音和我以前的内部语言的声音差不多，其实这也是我自己"精神分裂"出来的，但我无法控制它了。和我一起住院的病人有一些人表示并不是内部语言，而是真正听到了外部传来的声音，这个我不了解，因为我没有经历过。但我在《精神科前沿》这本外国期刊中看到过这样的描述，"外部听到的言语其实就是直接转换到外部、让你以为是别人发声的的内部语言，这是大脑玩的一个把戏"。我觉得，这种情况比内部语言的幻听病情更重。另外，我那段时间听到的尖锐到要发狂的猫叫声，其实是"非言语性幻听"，它让你听到的任何响声都无比刺耳，感觉如同身处地狱。发展到后来，没有真实的声音来源，也会听到杂音。有的病人只有非言语性幻听，而没有言语性幻听。

我还在亚马逊网站上买了一整套《精神卫生科普丛书》，里面包含了从抑郁症到精神分裂症的各种常见精神障碍的知识。但对于"内部语言"和"幻听"的关系，并没有提及。或许在医生的眼里，幻听就是听见了不存在的声音，那肯定是来自外部的。可他们有没有想过呢，这可能来自内部。哎，精神分裂症这个疾病的研究在中国还处于非常初级的阶段。加上病人恢复后有一些已经忘记了或不愿提及具体的发病过程，这个话题更加讳莫如深。你在搜狗搜索"内部语言"，搜狗百科给出的英文对照是"internal language"，而不是国外常用的心理学术语"inner speech"。我想：内部语言可能是人最深一层的隐私。

我们的病房是 24 小时不熄灯的。病情稳定的病人因为服用了药物，都会睡得比较安稳。晚上经常有躁狂的新病人被送进来，有些会不断大声说出自己的内部语言，并变换着声音，好像一个人在表演话剧。这看上去有些可怕。入院前，我曾经在街上也看到过类似的人，只是没搞明白他们到底在干吗。内部语言的监控出了问题，这可能是精神分裂症幻听，甚至是整个精神分裂症研究重要的一环。希望科学家们能早日有所突破。

我们的病房，窗只能开一点点，门要有钥匙才能打开。我住在 5 层，常常望着外面的高楼，吹吹风发着呆。偶尔可以去户外晒太阳，比如做心电图要去另一幢大楼，路上会经过一小段踩着土地的路，感觉很好很庆幸。因为服用的药物都有较大的副作用，所以需要每个月做心电图和抽血化验指标。

年底的时候，我出院了。我并没有回原来的公司工作。我先休整了几个月，然后找到了一份新工作。病情是隐瞒的。如果不是汪老师找到我给我看了这篇文章，或许这段往事我也不会再提及。现在的我，仍然在吃药，医生说可能需要终身服药。我渐渐地恢复了开朗乐观的性格。至于"魔音"，已经很久没有出现了。但我也不像以前那样爱在脑海里模拟各个人物和各种场景了。我的故事大致就是这样。我的病情不算特别重，可以把它说出来，帮助大家了解一些精神疾病的知识，我觉得很荣幸。

事实上，内部语言人人都有，绝大多数人并不会走向极端。但即使是内部语言，也需要控制，不能过于偏激。如果你的脑海里经常有充满暴力和侮辱特征的"魔音"响起，也要积极面对，如有需要及早就医。而对于发病原因尚未彻底明确的精神分裂症，我们不必感到恐惧，它有明确的、效果可追溯的治疗手段。对于康复后的精神分裂症患者，我们更应该抱有一份宽容。我问了她，能康复最重要的原因是什么。她回答："药不能停。"听上去很简单，但这恰恰是治疗中最难做到的。因为有各种妄想症状，所以精神分裂症患者会有藏药吐药的行为。而彻底康复后的患者，则会按时吃药，坚持"药不能停"。

轮回转世现象存在吗？

本章我要来谈轮回转世现象。还是老规矩，我先把它的定义给说清楚，轮回转世现象就是指某些人宣称自己记得所谓"前世"的事情，也就是自己实际上没有经历过，但是宣称自己经历过，并且能准确说出这些事情的细节。

在美国，研究该现象的科学家并不多，其中比较有名的就是弗吉尼亚大学知觉研究医学中心的精神学副教授吉姆·塔克和他的师傅伊恩·史蒂文森。20世纪末的时候，塔克在报纸上读到了一篇文章，说史蒂文森的研究室获得了一笔资金，用于研究NDE，也就是濒死体验。塔克对NDE感到好奇，希望可以用科学的方法来解释它。他开始志愿参加史蒂文森实验室的工作，几年后成为一名正式的研究员。他其中的一项职责就是整理并归类史蒂文森收集来的各种转世的案例。这项工作持续了好多年，史蒂文森手写的案例最早可以追溯到1961年，地区则是遍及全球，塔克说归类这些资料使他对转世产生了浓厚的兴趣，并有了更深的见解。2007年，史蒂文森过世，塔克成为研究轮回转世领域的首席专家。

2013年，塔克出版了一本书，书名叫《回归生命》return to life。我下面所说的内容主要来自这本书以及弗吉尼亚大学的记者写的一篇采访稿，原文网址我附在文稿中了，供大家查阅。[1]

至今，塔克的办公室里还堆着超过2500份资料。有些儿童会宣称自己是前世的另一个人，塔克就专门针对他们进行研究。他有一些有趣的发现，大多数宣称自己转世的儿童的年龄在2—6岁之间，60％是男孩，而他们转世而来的那个死去的人的中位数年龄为28岁，其中70％据孩子们宣称是死于暴力或意外。90％的儿童说他们和上一世的自己是同一性别。上一世的死亡时间和这一世的出生时间相差

1　http://uvamagazine.org/articles/the_science_of_reincarnation

的中位数是 16 个月，20 % 的儿童宣称有这段时间内的记忆。

塔克进一步的研究表明，这些自称转世的儿童，智商一般高于平均水平，没有展现出超过同年龄儿童群体的精神或情绪障碍，没有儿童是处在痛苦的家庭氛围中寻求脱离的。大多数孩子在 6 岁左右就渐渐不再提及前世的记忆了，塔克对此的解释是，儿童的大脑准备好进入新的发展阶段了。尽管他们的故事挺唯心主义的，但没有孩子宣称自己遭遇过神迹。塔克说，他对孩子们的印象是，尽管有一些会说出富含哲理的话，但大多数就是普通的孩子。

一些孩子提供的信息很容易被证伪，他们的描述只是因为家里有人太思念一位过世的亲朋好友，他耳濡目染学会了对往事的表达。但还有一些情况，却让最理性的科学家们也感到震惊，因为根据孩子及其家人的描述分析下来，如果孩子和家长都没有撒谎，唯一合理的解释就是，这个孩子真的是转世而来。莱恩就是这样的一个孩子。

莱恩·哈蒙斯 4 岁的时候，开始导演虚构的电影，"开始"（Action!）的呼喊经常在他的房间里回响。开始，他的父母并没有把这当回事。但紧接着，莱恩开始在半夜里醒来，抓住自己的胸部，说梦见自己在好莱坞时突发了心脏病。父母开始有点担心了，于是母亲辛迪去询问了家庭医生。医生说这只是噩梦恐惧，等孩子长大了就会好了。然而有一天晚上，当辛迪哄莱恩睡觉时，莱恩突然握住了辛迪的手说，妈妈，我想我曾经是另外一个人。

莱恩告诉辛迪，他记得一间白色的大屋子和一个游泳池，屋子是在好莱坞，与他现在奥克拉荷马的家相隔甚远。更让辛迪惊讶的是，莱恩说他有三个儿子，但记不清他们的名字了。他开始哭，一遍遍问辛迪为什么记不住儿子们的名字了。

辛迪说："我真的不知道该怎么办，我太震惊了。莱恩对自己的说法非常坚持。那天晚上以后，他不停地谈论着上辈子的事，因为记不清楚名字而心烦意乱。我开始在网上研究轮回。我还从图书馆借了一些关于好莱坞的书，希望能帮助到莱恩。开头几个月，我没有把这件事告诉任何人。"

一天，当莱恩和辛迪翻看从图书馆借来的一本书时，莱恩在一张20世纪30年代的电影《夜复一夜》的剧照前停了下来。照片的中间有两个男人互相对峙，他们周围还围着四个男人。辛迪谁也不认识。但莱恩指着中间的一个男人说："嘿，妈妈，那是乔治，我们一起拍片子。"然后他又指向了右边一个愁眉不展、穿着大衣的男人，说："那就是我呀，我找到自己了！"

莱恩所叙述的那些有关好莱坞的事情后来大多数都被证明确有其事。不过，莱恩在2500个案例里并不算特别的。还有比这更离奇的，比如在一个案例里，转世的威廉的前世是他的警察外公约翰，约翰是在一起抢劫案中中枪而死的，而威廉一出生就有缺陷，肺动脉隔膜发育不全，威廉的出生缺陷正好和约翰的致命伤在同一个地方。事实上，研究者一共搜集了225个有前世记忆，又有先天缺陷，更常见的是有胎记的案例。如果他们的前世死于暴力，那么这些儿童的胎记或者先天缺陷就恰好与他前世受的伤在同一个地方。

我第一次是在万维钢的《万万没想到》这本书里看到威廉和约翰的故事的。他的资料来自于塔克2005年的书作《前世的生活：对儿童前世记忆的科学调查》。

2005年的这本书并没有在美国掀起太大的波澜。据塔克自己说："我理解人们的想法，这种完全脱离人们常识的奇闻，人们选择将它们束之高阁。但总得有人试着去弄懂它，当你仔细研究这些案例时，你会发现对前世的记忆是最有意义的。科学界无法证实这些案例，口说无凭，但也无法证伪，所以科学界总体的反应只有两个字，那就是冷淡。"但塔克一直坚持在自己的岗位上，靠并不多的研究经费支撑着，资助他的只有一家基金会。

2013 年，塔克又出了本新书《回归生命》。和上一本书详细介绍各种有点离奇的巧合与调查的研究过程不同，塔克在新书中用他研究过的一些更令人信服的发生在美国的案例，概述了他的论点，转世与量子力学有关。让我们来看看他的说法。

他的论点全称"塔克关于转世可能存在的假说"。一、量子物理学表明，在宇宙最基本的层面上，涉及最小粒子（如电子和质子）的事件，只有在观察到它们时才会发生。二、这表明物质世界可能来源于意识，而不是"意识是客观存在的主观印象"。虽然这一观点颇受争论，但却是包括量子力学之父普朗克在内的一众量子物理学家共有的信念。三、如果意识创造了物质世界，它可能就不需要依赖物质世界而存在。这就意味着意识不依赖于活动着的大脑而存在。四、如果意识不需要依赖于大脑而存在，它就可以在大脑停止运转后继续存在。它也就能依附于一个新的大脑，在另一个生命里继续存在。他认为，意识并不需要借助大脑而存在，所以大脑的终结并不意味着意识会终结。他说，可以想象，在某种程度上，意识可以通过一个新的生命体来表达。

塔克的这个假说漏洞是很多的，从这里可以看出，搞精神研究的教授对于理论物理，还是有很多误解，这不奇怪，科学确实隔行如隔山。中科院的院士化学家朱清时先生和蛋白结构生物学家施一公先生在自己的领域是杰出的科学家，但是跨出了自己的领域，就可能搞错一些最基本的理论物理学常识。在量子力学中的观察指的是两个系统之间的相互作用，并不一定需要人的参与。

但是我们也必须承认，尽管塔克的假说问题很大，但这并不能证明塔克记录的那些案例就是假的，或者证明他有意夸大了事实。万维钢对此的态度是："他们使用的方法是科学方法，这些简单的前往现场验证事实、统计、发现相关性的办法并无出奇之处，但他们做了现有条件下能做的一切，除非做个转世实验。所以这个研究的一个重大意义就是告诉人们：哪怕你关心的是'灵魂转世'这样的问题，你唯一正确的判断办法仍然是科学方法。"

从我看到的报道中可以发现，塔克很清楚什么是科学方法，比如，儿童有时会说很多关于前世的记忆内容，而家长听得并不一定仔细，家长有可能自己拼拼凑凑补足一些内容。为了排除这个干扰因素，研究者请 30 多个家长详细记录了孩子对前世的陈述，文字留底。然后研究者再询问儿童一些问题，对照答案是否和家长的留底内容对得上，结果得出的正确率是 76.7 %。对比没有家长的文字留底，研究者询问后只是和客观事实的在案记录对照，正确率为 78.4 %。两个数字非常接近。研究者还会隔开几年让另一个研究人员，在不看原来案例记录的情况下，再次访问这个家庭。事实证明，随着时间的推移，案例里的陈述越发变得像真实的记忆一样。

另外一位我很敬佩的西方理性主义的代言人卡尔·萨根先生，在他的科普名著《魔鬼出没的世界》中也说：轮回转世这个现象是一个值得假科学研究的现象。我个人认为，一个理性的思考者不要先验性地排斥别人的观点，哪怕他说的事情或者观点很像是伪科学热衷的事情，我们依然要用科学思维去对待。例如，我记得我去年与台湾著名的科幻翻译家，也是极具科学精神的叶李华博士见面时，他说他自己给台湾大学原校长李嗣涔做助手，研究"手指识字"现象，他愿意为这个现象的存在作证。手指识字这听上去确实也很像是超自然现象，但在科学的历程中，反直觉反常识的事情发生过很多次，例如钟慢尺缩、宇称不守恒、暗物质，等等，因此还发明了一个词叫佯谬。

我对待一切超自然现象的态度是，首先要用科学的方法去证实这种现象确实存在，而且非同寻常的主张就需要非同寻常的证据，越是令人感到神奇的现象就越是需要过硬的证据，一旦证据确凿，就值得投入更大的代价去研究，科学上的突破往往来自于对反常规现象的研究。但我也坚持认为，这个宇宙中没有什么是超自然的，一切确实存在的现象最终都是自然现象，符合确定的自然规律。另外，一个理性的思考者采取的是防火墙的最高安全原则，在没有确定的证据之前，不把各种所谓的神奇现象当作事实来对待，而不是反过来，先当作事实再等待证据的出现。生活中的大多数人都是后一种思维模式，所以我才经常说，科学精神难能可贵，它几乎不可能天生获得，都是经过学习后才获得。

质疑弗洛伊德的精神分析学说

以前美国《纽约时报》发了一篇文章，标题是："弗洛伊德的科学声誉在这二三十年急剧下滑"。紧接着，一本新书《弗洛伊德：幻觉的形成》出版了，这本书描写了一个理想远大、喜欢沉思、师从天才导师的年轻科学家如何因为"狂乱的直觉"而失去客观态度、掩盖错误并创造了"一场国际个人崇拜"。

弗洛伊德这个名字我相信你一定听着耳熟，但是他到底创立了什么样的学说，你可能答不上来。实际上，这几年我们在生活中经常可以听到弗洛伊德的学说。我给你举个例子，在某个电视节目中，专家让嘉宾在白板上画一间屋子、一棵树和一个人。接着这位专家就会对着画作振振有词："你的屋子、树和人都在画面居中的位置，说明你自我意识较强，以自我为中心；屋子你画得比较小，下面的地面却画得很多，说明你缺乏安全感；你的树画得很大，树干也涂黑了，说明你潜在的攻击意识较强。"说完之后，专家还会煞有介事地、显得极其高深地说："这是弗洛伊德的精神分析法。""弗洛伊德"这个非常洋气的名字加上"精神分析"这个词，瞬间就会把你征服。然而，当我对科学了解得越多，我就越是坚定地认为这是一门伪科学。

要想了解弗洛伊德的理论都是从何而来的，我们得先走进他和他所处的时代。弗洛伊德出生于 1856 年的奥地利，17 岁考入维也纳大学医学院，25 岁开始私人执业，担任神经科的专科医生，同时也收治精神病人。当时的精神科，还是一片科学的荒地。弗洛伊德由于自己的独特见解，与维也纳医学界格格不入。1897 年的夏天，他开始对自己做心理分析：每天抽出一定的时间，用自由联想和释梦的方式，寻找隐藏在回忆中的童年经历，寻找隐藏在自己每天情感、口误和微小记忆错误背后的动机。在这个过程中，他一次次地接近崩溃的边缘，又一次次地绝处逢生。

1900 年，44 岁的弗洛伊德完成了自我分析。这次自我分析给他带来的收获是巨大的，不但让他摆脱了神经功能症，确证了从患者身上得到的一些结论，并且催生了他的精神分析理论。同年，他出版了《梦的解析》，后来这本书被视为精神分析法创立的标志。弗洛伊德认为人有意识和潜意识两个层面，潜意识产生自人类的性欲本能，这个本能从儿童期就已经存在。他说："我被一步一步引向病人的生命历程，终于回归到病人童年的第一页上。我发现，生命早期的许多印象虽然绝大部分被遗忘，却在个人成长过程中留下了不可磨灭的痕迹，为后来的种种精神症状埋下了种子。"

　　《梦的解析》尽管销量不佳，却让弗洛伊德摆脱了孤军奋战的局面。一批青年医生以他为核心，成立了"心理学星期三聚会"，形成了一个学术圈子。一位成员回忆道："参加聚会的每一个人都有一种强烈的感觉，那就是我们正在亲历一个伟大信仰的诞生。弗洛伊德就像一个先知，每一句话都能把衰老过时的旧理论送进坟墓。"

　　如果大家稍微多了解一些弗洛伊德的学说，就会发现，他几乎把所有的成人心理现象都归结为童年期对性欲的压抑。比如说，他最著名的"俄狄浦斯情节"，俄狄浦斯是古希腊神话中的一位悲剧人物，他的父亲因为他会弑父恋母的预言而丢弃了他，尽管养父母对他视如己出，他却因为误会而离开了家独闯世界。那时，他并不知道自己是被收养的。后来，他因为意外杀死了亲生父亲，又和亲生母亲结婚有了 4 个孩子。真相被揭露后，他难掩痛苦，刺瞎了双眼，并流放了自己。

　　弗洛伊德在《梦的解析》中写道："很可能我们都注定要将最初的性冲动对准我们的母亲，将最初的憎恨和暴力冲动对准我们的父亲；我们的梦让我们确信如此。"弗洛伊德在 1913 年的《图腾与禁忌》一书中提出，男孩早期的性追求对象是其母亲，他总想占据父亲的位置，与自己的父亲争夺母亲的爱情，也就是恋母情结。如果这种情结得不到有效的控制，对父母一方的强烈妒忌能够产生足够的破坏力，并因此对人格的形成和人际关系产生永久性的困扰和影响，再严重下去就会发展成精神病。

对弗洛伊德这一观点的批判由来已久。美国罗格斯大学人类学教授罗宾·福克斯说："俄狄浦斯对母亲并没有'欲望'，与母亲的乱伦纯属一个可怕的意外。"而美国乔治华盛顿大学精神病学家詹姆斯·利伯曼则认为："该剧强调的是家庭中的关爱互助，而不是弗洛伊德所说的敌对和恐惧。俄狄浦斯在养父母家成长，很爱养父母，听到神谕说他将来会乱伦与杀亲后才选择了离家出走。"

其实早在 1891 年，芬兰人类学家爱德华·韦斯特马克就提出：自然选择让人和其他动物在心理上无意识地避免近亲繁殖，以免后代受到遗传疾病的危害，这让共同生活在一个家庭或族群的个体自然地避免性方面的接触。近亲性交的行为十分罕见，这是由自然选择所决定的心理基础，再逐渐发展出乱伦的文化与道德禁忌。目前，进化心理学家和人类学家把人类的社会行为看成是进化的结果，认为俄狄浦斯情结是对亲子矛盾的错误解读。进化的基础是自然选择，即最适合个体生存和繁衍的遗传特点被保留下来，这个过程中产生的亲子矛盾与"乱伦欲望"无关。就连弗洛伊德的弟子也发现，硬套俄狄浦斯情结是有问题的，例如有的孩子知道父母可能要离婚，就会想方设法把父母撮合在一起。

另外，也有弗洛伊德的支持者认为，他的理论有很多象征性与比喻性的东西，不应简单地归结为单纯的生理上的性思维和性行为。比如，他写的阴茎，不单是指那块海绵体，更是指一种男权社会下被男性、父性所代表的强大的力量与权威。他写的子宫，也不单指那个器官，同时在指一种常用来代表母性的宽容慈爱。同样，他写的性本能，也不是说成天只想性爱，而是指一种个体生命存活与种群繁衍持续的本能。这种事后打补丁的解释与中医对五脏六腑的事后解释如出一辙，民国的中医泰斗们为了解释中医古籍对人体五脏六腑的错误认识，就给出了现在的心不是心，胃不是胃，血不是血的说法。这在我看来，就是不严谨。

其实，在我看来，要判断一个学说是否靠谱，可以先抛开它的具体观点不谈，仅仅看它采用了什么样的研究方法，就可以大致做出判断它是否属于伪科学。声称自己是科学，但是又不采用科学公认的研究范式，就是伪科学。科学具有两个最基本的特征：可重复性和可证伪性。另外，想要找到确定的因果关系，必须通过严格条件控制下的系统实验。

首先要说的是可重复性的问题。精神分析理论的提出大多基于临床案例研究。而弗洛伊德的研究对象基本是上流社会的、神经质的和性压抑的维也纳女性。也就是说样本本身不具有可重复性，其理论的适用范围非常窄，无法代表其他心理基础或文化背景的男性和女性。

另外，弗洛伊德理论的观测方法是自然观察法，而自然观察法本质上只能够进行简单描述，无法让我们得出事物之间的关系，更不可能得出因果。其次则是这种方法提供的资料往往非常匮乏，其结果往往是个案分析所得，无法再现。再者，自然观察法无法进行有效和严格的操作性定义，这就会导致评估具有很强的主观性。所以，有学者就指出："如果弗洛伊德的这些做法被允许，那么个案分析可以用来证明所有理论。"

总之，临床案例是基于精神分析师对病人的研究，并不是基于实验条件的研究。因此精神分析理论的研究者更容易看到自己想要看的东西，无论是在措辞的诱导上，还是记录的选择性上，他们都更容易把现实扭曲成他们想要看的，让案例符合自己的理论。

再来说可证伪性，这也可以称为可检验性。批判理性主义的创始人波普尔认为"可证伪性"是分辨科学与伪科学的一把量尺，他将弗洛伊德的精神分析作为伪科学的例子。

波普尔提出：看上去可以解释每件事的理论，实际上没有解释任何事，这样的理论无法证伪。精神分析者可以解释人为什么要谋杀，又可同样灵巧地解释为什么有人要牺牲自己的性命去救活别人。波普尔认为真正有解释能力的理论，应该在许多可能发生的事之外做出冒险性的预测。当预测很有可能失败的时候，预测的成功才真正有分量。

当波普尔将弗洛伊德所用的方法，和爱因斯坦所用的治学方法相比，就一目了然其中的奥妙了。爱因斯坦不顾一切地以他的相对论，冒着轻易被证伪的危险，做出有悖直觉的大胆预测。如果结果与预测不相符，他的理论便会瞬间完蛋。弗洛伊德派的人则不同，他们只去寻找求证的例子，并且将理论做成可以普遍适应的东西，所以任何事都可做其证明。这一点上，与中国传统的易经相命之术非常像。

在研究方法上与弗洛伊德形成鲜明对比的心理学研究也很多，例如著名的"小艾尔伯特实验"，就是弗洛伊德理论大行其道之时对它的狠狠打脸。当时，约翰霍普金斯大学的心理学教授华生选中了一名被遗弃在医院中的 9 个月大的孤儿小艾尔伯特，对他进行实验。他先拿给他一些动物的毛绒玩具，小艾尔伯特很喜欢，不时触摸，丝毫没有表现出害怕的情绪。接着，华生给了小艾尔伯特一只真的白鼠，他想去触摸时，华生敲击铁棒发出了一声巨响，小艾尔伯特被吓哭了。

小艾尔伯特尝试了三次去接触白鼠，每次靠近华生都弄出了铁棒的巨响，小艾尔伯特也每次都大哭。之后，研究者拿走了白鼠，小艾尔伯特的生活也恢复了平静。一周后，同样的实验又发生了。又一周后，当华生再次将白鼠呈现在小艾尔伯特面前时，他露出了恐惧的情绪，开始躲避白鼠。随后，华生把白鼠换成了白兔、猴子、狗等其他动物，用同样的方法让小艾尔伯特分别对它们产生了恐惧。接着，动物被换成了圣诞老人面具、白色毛皮大衣等，同样的方法会让小艾尔伯特对没有生命的物体也产生畏惧。需要说明的是，实验之前，小艾尔伯特对这些东西都是喜欢的；而实验结束的一个月后，小艾尔伯特仍然对这些动物和物件无比惊恐。

实验的结果发表在了 1920 年 2 月的《实验心理学期刊》上，引起了极大的反响。当时，弗洛伊德的精神分析法占据着心理学界的统治地位，华生试图通过实验而不是像弗洛伊德那样单纯的理论分析来验证猜想，这是巨大的进步。此外，小艾尔伯特的实验证明了，人对事物的特殊情绪反应是可以后天习得的，这颠覆了弗洛伊德的"人的情绪来源于无意识的本能和童年期被压抑的内心冲突"的理论。

华生本来还希望对小艾尔伯特建立新的条件反射，以消除他的恐惧反应。但小艾尔伯特不久就被收养了，矫正实验没能进行。这个可怜的孩子 6 岁时死于脑水肿。虽然这个实验严重违反了道德伦理，但它确实令人信服地说明了情绪行为可以通过简单的刺激和控制反应手段成为条件反射。

最后我想说明的是，质疑弗洛伊德的学说并不代表否定佛洛依德本人，他所处的时代是第一次世界大战战乱动荡的时代，这个时代对性高度压抑，战乱带来的体验导致弗洛伊德过于强调性和攻击是对个体行为的驱动。他提出的理论更偏向经验的主观知觉而非科学的客观严谨。其次，因为社会文化的原因，弗洛伊德的一些理论也带有较强的性别歧视。弗洛伊德认为女性的超我更弱一些，他也认为女孩在小的时候知道男孩有不同的生殖器而产生阳具嫉妒。但是弗洛伊德毕竟对心理学这门学科建设做出了开创性的贡献，也是在弗洛伊德之后，心理学才慢慢地走上了科学研究的道路。这就好像古希腊的亚里士多德，在今天看来，他的大多数理论都是错误的，但是没有人会否定亚里士多德为人类的科学事业做出的伟大贡献。所以，今天如果我们还把弗洛伊德学说奉为准则，那就好像用亚里士多德的理论来指导发明一样，是荒唐的。

本文主要资料来源：

1. 弗洛伊德作为精神分析学派的鼻祖，其精神分析有哪些理论？
http://jingyan.baidu.com/article/90895e0fd61d3a64ed6b0b7c.html##1

2.List of topics characterized as pseudoscience https://en.wikipedia.org/wiki/List_of_topics_characterized_as_pseudoscience

3.Freudian psychoanalysis
http://www.skepdic.com/psychoan.html

4. 弗氏精神分析被心理学主流边缘化
http://www.nytimes.com/2007/11/25/weekinreview/25cohen.html

5. 科学与伪科学
http://www.360doc.com/content/13/0116/15/240321_260529414.shtml

6. 情绪化的小艾尔伯特（Little Albert）实验
http://www.psychspace.com/psych/viewnews-8329

图书在版编目（CIP）数据

临近 / 汪诘著 . — 长沙：湖南科学技术出版社，2022.6
ISBN 978-7-5710-1511-4

Ⅰ . ①临… Ⅱ . ①汪… Ⅲ . ①科学知识 - 普及读物 Ⅳ . ① Z228

中国版本图书馆 CIP 数据核字（2022）第 051948 号

湖南科学技术出版社获得本书独家出版发行权

LINJIN
临近

作者
汪　诘

出版人
潘晓山

策划编辑
孙桂均　李　蓓

责任编辑
杨　波　孙桂均

营销编辑
周　洋

出版发行
湖南科学技术出版社

社址
长沙市芙蓉中路一段 416 号
泊富国际金融中心
http://www.hnstp.com
湖南科学技术出版社
天猫旗舰店网址
http://hnkjcbs.tmall.com

版权所有，侵权必究。

印刷
长沙鸿和印务有限公司
（印装质量问题请直接与本厂联系）

厂址
长沙市望城区普瑞西路858号

邮编
410200

版次
2022 年 6 月第 1 版

印次
2022 年 6 月第 1 次印刷

开本
880mm × 1230mm　1/32

印张
7.75

字数
172 千字

书号
ISBN 978-7-5710-1511-4

定价
40.00 元